韓國八字命理第一集團　李修門派　§八字入門

The LeeSoo School BaZi–Art Mastery Course™ /a Bazi primer – 1/Diciple*

干支八字

The Sexagenary Cycle

Lee Soo

장서원
도서출판

The LeeSoo School BaZi-Art Mastery Course™ / a Bazi primer - 1 / Diciple*

- The Sexagenary Cycle -

CONTENTS

☞ 이수 선생의 팔자학 동영상 강의는 '유투브'를 통해 시청하실 수 있습니다.

www.youtube.com	leesoo bazi	search

차례

The Sexagenary Cycle

體. 干支八字

이 세상에 한 사람이 태어난 年月日時, 네 기둥을 四柱라 하고 각 기둥마다 干과 支 두 글자씩 속해 있으므로 전체 여덟 글자가 되니 四柱는 곧 八字입니다. 동양의 先子들은 出生이라는 우연적 사건을 통해 命運의 세계를 思索하고 探究하였습니다. 이를 두고 보통 四柱學 내지 八字學, 또는 命理學으로 일컫습니다. 命理가 과연 타당한지의 여부는 아직 실증적 과학론으로 밝히기가 어렵습니다. 당장은 八字의 연구방법이 科學에

부합되지 않으므로, 통계적 방법으로 얻은 원칙의 유효성으로 학문적 평가를 받으려는 시도가 많습니다. 答(답)은 간단합니다. 十中八九(십중팔구)가 맞아 떨어지면 곧 科學(과학)이 되는 것이고, 맞지 않으면 迷信(미신)의 굴레에서 자유롭지 못합니다. 命理(명리)는 십 수 년을 공부해도 실상의 적중률에서 터무니없는 결과를 보기 쉽습니다. 그래서인지 命理(명리)는 몹시 어려운 분야의 術學(술학)으로 인식되어 왔는데, 여타의 학문과 마찬가지로 基礎(기초)를 잘 다지고 원리와 원칙에 입각한 바른 학습 과정을 밟아나가면 비교적 수월하게 기대한 바의 成果(성과)를 낼 수 있습니다.

八字(팔자)는 干(간)과 支(지)의 글자로 정해집니다. 干(간)은 十種(십종)이고, 支(지)는 十二種(십이종)이니 十干十二支(십간십이지)로 통칭하고 먼저 스물 두 글자를 익히는 것으로부터 命理(명리)의 세계로 입문합니다.

▶ 十干(십간)

十干(십간)	甲(갑)	乙(을)	丙(병)	丁(정)	戊(무)	己(기)	庚(경)	辛(신)	壬(임)	癸(계)

十干(십간)은 '열흘'의 旬(순)과 같은 뜻으로 반복되는 數(수)의 체계를 갖추고 있습니다. 즉 오늘이 甲日(갑일)이라면 이틀째는 乙日(을일), 사흘은 丙(병), 나흘은 丁(정), 닷새는 戊(무)와 같은 순으로 진행되다가 열흘째는 癸日(계일)이 되고 그 다음날부터는 다시 甲日(갑일)이 되어 같은 순으로 되풀이되는 식입니다. 이것은 비단 日(일)뿐만 아니라 年(년), 月(월), 時(시)에 이르기까지 다 같이 적용된다는 면에서 동양수리학의 特長點(특장점)을 찾을 수 있습니다. 다시 말해 十干(십간)이나 十二支(십이지)로 반복되는 數(수)의 나열을 효율적으로 표기할 수 있고, 또 여기에는 자연스럽게 豫測(예측)의 기능이 녹아든 소중한 文化遺産(문화유산)이라 할 수 있습니다. 干支(간지)의 효용성 일면을 다음 두 가지 사례로 간략하게나마 살펴

보겠습니다.

세계경제는 주로 十年 週期로 恐慌이 발생하는데, 이러한 현상을 발견한 프랑스 경제학자의 이름을 따서 보통 '쥐글라르' 파동(Jugler Cycle) 또는 主循環이라고 부릅니다. 이를 미국경제에 대입해서 살펴보면, 과거 수 십 년에 걸쳐 ○○○三년에 최악의 景氣를 나타낸 후 ○○○八년까지 景氣가 성장하고, 다시 ○○○三년까지 景氣가 침체하는 과정을 반복해왔으므로 主循環의 변동을 증명해준 셈입니다. 이런 景氣循環은 證市에서도 그대로 나타납니다. 그래서 몇 해 전에 株式 투자로 2003년에 사서 2008년에 팔면 크게 이익을 낼 것으로 전망한 글을 기고한 바 있습니다. 이때 2003년은 癸未年이고 2008년은 戊子年이 되므로 글의 문패가 "癸년에 사서 戊년에 팔라"였습니다.

2001년 辛巳年을 앞두고 주로 華僑들이 영어로 서비스하는

운세 웹사이트에서는 한결같이 미국 본토에 患難이 닥칠 것을 예고했습니다. 예언의 근거는 1941년 '진주만(Pearl Harbor)' 공습 사건에 있었습니다. 西歐人들은 1941년과 2001년의 연관성을 언뜻 알 수 없지만, 많은 수의 東洋人들은 두 해가 辛巳年이라는 공통분모를 지니고 있음을 쉽게 압니다. 요사이 젊은 이들은 이런 걸 잘 모릅니다. 어쨌든 그해 9월 11일에 미국은 大慘事(super terror)를 당했습니다. 미국은 대체로 辛年이 되는 매 ○○○一년에 災難이 있었습니다. 남북전쟁(American Civil War)은 1861년 辛酉年에 시작되었고, 1951년 한국전과 1961년 월남전 파병, 1991년 辛未年에는 걸프전이 일어났습니다.

十干은 하늘, 즉 無形의 기운을 담고 있어 보통 天干이라 하는데 각 글자마다 陰陽이 부속됩니다. 十干의 첫 글자가 陽이면 다음 글자는 陰으로 반복되어 진행되는데 이를테면 甲은 陽

氣를 담은 글자고, 乙은 陰氣를 띠는 글자로 나뉘는 식입니다.

▶ 十干陰陽

十干	甲	乙	丙	丁	戊	己	庚	辛	壬	癸
陰陽	陽	陰	陽	陰	陽	陰	陽	陰	陽	陰

陰陽에서 陽은 生長하여 旺盛한 데로 나아가는 氣를 말함이고, 陰은 衰老하여 死絶하는 곳으로 물러가는 氣를 이르는 것입니다. 여기에서 일종의 氣가 甲에서 生旺하고, 乙에서 老死함을 확인할 수 있는데, 十干 전체로 보면 다섯 가지의 氣가 生하고 死함을 알 수 있을 것입니다. 이것을 五行이라 하는데 五는 木, 火, 土, 金, 水의 五氣를 말함이고, 行은 五氣가 流行

한다는 뜻입니다. 古人(고인)들은 天地(천지)간에 五行(오행)이 작용하여 森羅萬象(삼라만상)을 구성하는 요소가 되고, 春夏秋冬(춘하추동) 四時(사시)의 寒暖溫冷(한난온냉) 氣候(기후)를 이룬다고 思惟(사유)했습니다. 陰陽(음양)과 마찬가지로 五行(오행) 또한 十干(십간)의 각 글자에 配合(배합)됩니다.

▶ 十干五行(십간오행)

天干(천간)	甲(갑)	乙(을)	丙(병)	丁(정)	戊(무)	己(기)	庚(경)	辛(신)	壬(임)	癸(계)
五行(오행)	木(목)	木(목)	火(화)	火(화)	土(토)	土(토)	金(금)	金(금)	水(수)	水(수)

이렇게 陰陽(음양)과 五行(오행)이 十干(십간)에 부속되면 甲(갑)은 陽木(양목)이요, 乙(을)은 陰木(음목)으로 木氣(목기)의 成衰(성쇠)를 나타냅니다. 그래서 보통 十干(십간)을 언급할 때면 甲木(갑목), 乙木(을목), 丙火(병화), 丁火(정화), 戊土(무토), 己土(기토), 庚金(경금), 辛金(신금), 壬(임)

水, 癸水와 같은 식으로 읊조리기 마련입니다.

十干이 보이지 않는 기운을 말한다면 十二支는 땅과 같아 有形의 氣라 할 수 있습니다. 十二地는 天干과 대비해서 주로 地支라는 말로 표현하며, 十干과 같이 陰陽과 五行이 각 글자에 分配됩니다. 陰陽의 부속은 天干의 그것과 다를 바가 없습니다.

▶ 十二地陰陽

地支	子	丑	寅	卯	辰	巳	午	未	申	酉	戌	亥
陰陽	陽	陰	陽	陰	陽	陰	陽	陰	陽	陰	陽	陰

天干의 氣가 淸하고 가볍다면 地支의 氣는 무겁고 濁한 것

입니다. 그래서 十干과 같이 五行의 純一한 기운으로 설명되지 않습니다. 이를테면 甲은 곧 木이지만, 寅은 木과 함께 火와 土의 기운을 담고 있습니다. 이를 두고 天은 맑은 氣요, 象을 뜻하며 地는 탁한 質이자 物로 인식했던 것입니다. 地支 속에는 天干의 氣가 감추어져 있다 해서 地藏干, 내지 藏干이라 하는데 이것은 餘氣와 中氣, 正氣로 구분됩니다.

▶ 地支藏干

藏干	子	丑	寅	卯	辰	巳	午	未	申	酉	戌	亥
餘氣	壬水	癸水	戊土	甲木	乙木	戊土	丙火	丁火	戊土	庚金	辛金	戊土
中氣		辛金	丙火		癸水	庚金		乙木	壬水		丁火	甲木
正氣	癸水	己土	甲木	乙木	戊土	丙火	丁火	己土	庚金	辛金	戊土	壬水

사물에는 表裏가 있는데 地支의 正氣는 다른 말로 本氣라 해서 겉으로 드러나고, 나머지는 속에서 숨을 쉬고 있는 형상이라 하겠습니다. 하늘과 땅 사이에 사람은 命과 運을 선천적으로 타고 났으므로 天干은 天元, 地支는 地元, 藏干은 人元이라 했으니 무릇 사람의 일을 알고자 한다면 地藏干은 필시 익숙해지도록 외워야 합니다. 우선은 十二支를 子水, 丑土, 寅木, 卯木, 辰土, 巳火, 午火, 未土, 申金, 酉金, 戌土, 亥水와 같은 식으로 익혀둡니다.

十二支는 十二月과 같은 것이니 春夏秋冬의 四時가 유행하는 時順입니다. 옛말에 이르길 '天開於子, 地闢於丑, 人生於寅'이라 했으니 사람의 일은 寅에서 시작됩니다. 그래서 한해의 시작은 寅月에서 비롯되고 이것은 節氣로 立春을 기점으로 정해지니 寅卯辰 三月은 봄이요, 巳午未 三月은 여름, 申酉戌 三

月은 가을, 亥子丑 三月은 겨울로 구분됩니다.

앞에서 木, 火, 土, 金, 水 다섯 가지의 기운을 五行이라 했는데 이를 보다 抽象적으로 구분하면 風, 熱, 混, 燥, 冷의 의미로 이해할 수 있습니다. 이때 土의 混은 여타 四氣의 작용을 調律하는 것으로 매우 중요한 의미를 갖습니다. 위의 十二地에서 辰戌丑未 네 글자는 겉으로 陽과 陰이 구분되지만 속을 살피면 辰과 戌에 陰陽의 글자가 섞여 있음을 알 수 있습니다. 또 藏干의 배치에서 앞 글자의 正氣가 다음 글자의 餘氣가 되는 법칙을 발견할 수 있는데 유독 丑과 未에서는 다음 글자인 寅과 申으로 건너뛸 때 正氣인 己土가 다음 글자의 餘氣 戊土로, 陰에서 陽으로 순식간에 遁甲하는 부자연스러운 광경을 보이고 있습니다. 이것은 일단 사라진 연후에 다시 살아나는 中斷된 국면을 암시하므로 대개 불리한 작용으로 나타나기 쉽습니다. 이와 같이 辰戌丑未에는 萬物이 生進하고 死退하는 混, 즉 土化作用이 일어나므로 命理나 方位學을 막론하고 특별히 두려워한 대상이 되었습니다. 후에 언급될 白虎나 魁罡, 鬼門 등의 惡殺은 대개 混의 變化와 깊이 연관되어 있습니다.

春夏秋冬 四時의 循環에도 각각 土의 글자가 배정되어 混의 작용이 일어나는데, 進氣는 살아나고 退氣는 사라지니 이에 따라 吉이 凶이 되고, 凶이 吉이 되는 것입니다. 종합하면 辰戌丑未는 거두어 저장한다는 倉庫의 의미와 기운이 다해 죽어 묻히는 墓地의 뜻을 지니므로 八字에 이런 글자들이 나타나면 '흡수, 통합, 조화' 등의 개념이 내재되어 대개 이 사람은 세상과 사람을 바라보는 이해의 폭이 깊고 넓은 성향을 띠게 되고 華蓋의 작용으로 정신적인 세계에 관심을 갖는 경우가 많습니다. 그래서 辰戌丑未는 四庫의 글자로 각기 庫地, 墓地, 藏地

등으로 언급됩니다.

매 계절의 첫 글자는 寅申巳亥(인신사해)로 이상은 겉과 속이 모두 陽(양)의 글자로 이루어져 있음을 알 수 있습니다. 새로운 계절의 시작을 뜻하니 四孟(사맹)의 글자로 분류되며 生地(생지)이자 驛馬(역마)가 머무는 자리로 기세가 활발, 猛烈(맹렬)하며 '준비, 시작, 발명, 발상, 개발' 등의 의미를 내포합니다. 한편 四時(사시)의 寒暖燥濕(한난조습)을 陰陽(음양)으로 나누면 寅巳(인사)는 陽(양)이고 申亥(신해)는 陰(음)의 기운을 갖게 되니 寅(인)은 三陽(삼양)의 달이요, 巳(사)는 純陽(순양), 申(신)은 三陰(삼음), 亥(해)는 純陰(순음)의 달로 일컬어집니다.

子午卯酉(자오묘유)는 계절의 가운데 달로 四正(사정)의 글자로 통칭하며, 뚜렷한 기후를 나타낼 때라 旺地(왕지)가 되고 혹은 敗地(패지)이기도 합니다. 여타의 地支(지지) 글자와 달리 純一(순일)하고 왕성한 五行(오행)의 氣(기)를 띠어 羊刃(양인)으로 '불굴, 강인, 격정' 등의 성향을 예고하고, 한편으론 浴地에 놓여 桃花가 작용하니 종종 '낭비, 허영, 사치, 망신' 등과 같은 부정적인 면이 드러날 때가 있습니다. 子午卯酉는 동일한 五行의 藏干으로 구성되어 있는데 陽이 먼저 陰을 生하는 작용으로 인해 寅申巳亥, 四孟의 글자와 달리 모두 陰의 글자로 표시됩니다. 이중 子와 午는 원래 陽의 글자였다가, 陰의 글자로 쓰임새가 바뀌었음을 확인할 수 있는데, 이를 두고 실체와 쓰임이 변했다고 해서 體와 用이 달라진 것으로 표현합니다. 巳와 亥도 마찬가지로 巳火의 體는 陰이나 쓰임은 陽이 되었고, 亥水의 體는 陰이나 쓰임은 陽이 된 것입니다.

▶ 四孟四正四庫(사맹사정사고)

寅申巳亥(인신사해)	四孟(사맹)	陽(양)
子午卯酉(자오묘유)	四正(사정)	陰(음)
辰戌丑未(진술축미)	四庫(사고)	混(혼)

이제 干支(간지)를 묶어 재차 살펴보도록 하겠습니다. 八字(팔자)는 干支(간지)로 시작되어 干支(간지)로 끝난다 해도 과언이 아니므로 다소 번거롭더라도 충분히 익혀 入門(입문)하는 것이 좋습니다. 干(간)과 支(지)를 樹木(수목)에 비유한다면 干(간)은 幹(간), 줄기와 같은 것이고 支(지)는 枝(지), 가지와 같아 五行(오행)의 氣(기)가 四時(사시)에 유행하는 질서로 표현됩니다. 지금까지 十干(십간)과 十二支(십이지), 그리고 陰陽(음양)과 五行(오행)의 대강을 언급했는데 일견 이해가 용이한 듯해도 따져보면 알기 어렵습니다. 예컨대 甲(갑)과 寅(인)은 陽(양)이지만 干支(간지)로 구분하면 甲(갑)은 陽(양)이나 寅(인)은 陰(음)이 되는 상대적인 陰陽(음양)의 개념으로 인해 자칫 혼란스러울 수 있습

니다. 따라서 甲과 乙의 관계, 다음으로 甲과 寅, 甲乙과 寅卯의 순으로 살펴 상호간의 구조적 관계를 이해할 때 비로소 甲乙이 있고, 五行 木의 陰陽이 작용하는 이치를 어림잡아 터득할 수 있습니다. 먼저 甲乙과 寅卯는 木의 陰과 陽으로 구분되나 甲은 乙의 氣요, 乙은 甲의 質로 또 다른 의미를 갖습니다.

氣는 한 마디로 無에서 有를 창조하는 근원적 기운입니다. 氣에 質이 보태져야 象을 이루는데 이를테면 나무에 가지와 잎이 있도록 하는 것은 木氣를 유행시키는 甲이고, 가지와 잎의 형상을 이룬 것은 乙의 質이 견고해졌기 때문입니다. 까닭에 甲乙이 있고 木의 陰陽이 있어야 形이 나타나는 것입니다. 부득이 나무를 예로 들었지만, 어쨌든 甲乙 이 둘은 눈에 보이는 게 아니고, 다만 生氣과 形質을 논할 때 비교되는 개념입니다.

形象(형상)이 形體(형체)로 나타나려면 보다 시간적인 요소가 개입되어야 합니다. 그래서 時令(시령)의 질서인 寅卯(인묘)를 보아야 땅에서 몸체를 드러냅니다. 甲乙(갑을)이 하늘에서 行(행)하면 寅卯(인묘)는 땅에서 收(수)하는 것입니다. 甲乙(갑을)은 動(동)하여 일정치 않고, 寅卯(인묘)는 靜(정)하여 움직이지 않으니 甲乙(갑을)이 없어도 寅(인)은 항상 正月(정월)이요, 卯(묘)는 반드시 二月(이월)이 되는 것입니다. 이것은 곧 八字(팔자)에서 干支(간지)가 결합되어야만 구체적인 成果(성과)로 나타남을 의미합니다.

▶ 干支陰陽五行圖解(간지음양오행도해)

<table>
<tr><td rowspan="2">天干(천간)
stem</td><td rowspan="2">陽(양)</td><td rowspan="2">動(동)</td><td rowspan="2">氣(기)
象(상)</td><td rowspan="2">보이지 않는
invisible</td><td>甲(갑)</td><td>陽木(양목)</td><td>生氣(생기)</td><td>감지되지 않는,
intangible</td></tr>
<tr><td>乙(을)</td><td>陰木(음목)</td><td>形質(형질)</td><td rowspan="3">감지되는,
tangible</td></tr>
<tr><td rowspan="2">地支(지지)
branch</td><td rowspan="2">陰(음)</td><td rowspan="2">靜(정)</td><td rowspan="2">物(물)
體(체)</td><td rowspan="2">보이는
visible</td><td>寅(인)</td><td>陽木(양목)</td><td>形體(형체)</td></tr>
<tr><td>卯(묘)</td><td>陰木(음목)</td><td>器物(기물)</td></tr>
</table>

머리를 식히는 의미로 干支를 動物에 비유한 내용을 알아보겠습니다. 보통 十二支에 배속된 十二獸는 생활 저변에서 生年, '띠'로 곧잘 쓰이므로 많은 사람들에게 익숙한 편입니다. 전해지기로는 BC 二世紀경, 각 地支에 '쥐, 소, 범' 등 動物을 배당하였다고 하는데 一設에 의하면 東方朔이 一年 十二個月의 명칭을 무지한 농민들에게 인식시키기 위해 글자에서 연상되는 動物의 이름을 붙였다고 합니다. 또 協紀變方書에는 十二支의 글자가 표시하는 象意에 연유하는 것으로 언급하고 있는데, 후대에 와서는 비단 象形으로만 그치지 않고 陰陽과 生態, 性向 등의 관련성과 연계해서 설명하는 경향이 뚜렷해졌습니다.

十二支와 달리 十干은 특별히 動物과 연계해서 설명된 바가 없으나 稽疑神訣에 十干 별 動物名만 간단히 언급된 바가 있습니다. 아마도 주로 動物의 生態와 관련되어 비유되었을 테고 또한 生殖(생식)과 관련해서 陰陽(음양)이 고려되었을 것으로 유추하고 있습니다.

▶ 十干擬獸(십간의수)

甲(갑)	乙(을)	丙(병)	丁(정)	戊(무)	己(기)	庚(경)	辛(신)	壬(임)	癸(계)
狐(호)	貂(초)	鹿(록)	獐(장)	豹(표)	蟹(해)	烏(오)	雉(치)	燕(연)	蝠(복)
여우	담비	사슴	노루	표범	게	까마귀	꿩	제비	박쥐

이를테면 甲日(갑일)에 난 사람은 개과에서 가장 독립심이 강한 여우와 같은 성향을 띠어 自立(자립), 自手成家(자수성가) 등을 암시하는 식으로 받아들이면 무난합니다. 속담에 "계집이 늙으면 여우가 된다"는 말은 그 의미가 단지 妖忘(요망)스러운 것에 그치지 않고, 가정의 굴레에서 벗어나려는 의지가 강해짐을 뜻하는 것입니다. 乙(을)은 담비에 비유하는데 담비는 겨울털이 가장 아름답고 본능적으로

자신의 털을 더럽히지 않으려는 강한 의지를 갖습니다. 그래서 乙日(을일)에 난 사람은 대체로 自尊心(자존심)이 높고, 夜行性(야행성)이지만 낮에도 활동하는 담비와 같이 왕성한 활동성을 보입니다. 또 속담에 "범 잡아먹는 담비가 있다"고 전해질 정도니 체구는 매우 작아도 智慧(지혜)는 호랑이를 능가하고, 영어로 담비를 뜻하는 페럿(ferret)은 探索(탐색), 내지 '끝까지 먹이를 찾아다니다'는 의미를 지니므로 不安定(불안정), 끈기 등의 성향으로 나타납니다.

丙(병)은 사슴으로 새끼는 어미와 다른 암컷들과 함께 무리를 짓고 수컷은 수컷들만의 무리를 지어 삽니다. 야간에 불빛을 봐도 도망치지 않고 오히려 다가오는 습성이 있는데 讓步(양보)나 妥協(타협)이 어려운 특징이 있습니다. 사슴은 뿔이 화근이 되어 속담에 麝香(사향)으로 인해 죽고, 寓話(우화)에서는 종종 뿔로 인해 덫에 걸리는 삽화를 보게 되는데 驕慢(교만)이나 怒氣(노기)를 드러내지 않도록 조심할 필요가 있습니다. 丁(정)은 노루로 대개 숨을 곳이 많은 야산의 陰地(음지)

에서 서식합니다. “노루가 제 방귀에 놀란다”는 속담처럼 怯(겁)이 많습니다. 그래서 대개 柔順(유순)합니다. 노루는 원칙적으로 一夫一妻制(일부일처제)로 암수 중 한 마리가 죽으면 며칠 동안 애처롭게 울부짖습니다.

戊(무)는 표범으로 보통 단독생활을 합니다. 몰래 다가가는 것보다 잽싸게 덮쳐서 사냥감을 쓰러뜨리는데 그래서인지 戊日(무일)에 난 사람은 종종 남을 批評(비평)하거나 아픈 곳에 상처를 입히는 毒舌(독설)를 할 때가 있습니다. “표범 꼬리는 잡지 마라. 만약 잡았다면 놓지 마라”는 말이 있는데 이 사람은 건들지만 않으면 다툼이 없고 中立(중립)의 입장을 취합니다. 己(기)는 게로 뜻밖에 甲殼類(갑각류)인데 껍데기만 까놓고 보면 너무나 연약한 존재입니다. 己日(기일)에 난 사람은 겉모습과 달리 대개 心性(심성)이 여리고, 善(선)합니다. 보기 드물게 열 개의 다리를 가졌는데, 뾰족한 다리 끝을 이용해서 몸의 균형을 잡고 쏜살같이 이동합니다. 속담에 “게를 똑바로 기어가게 할 수는 없다"고 했으니 本性은 어쩔 수 없다는 말인데 不安正하고, 家出 등을 경험하게 됩니다.

庚은 까마귀로 이 집단은 리더가 없는 단순한 집합체인데, 이 때문에 烏合之卒이란 말이 생겼습니다. 까마귀는 농작물에 피해를 주는 경우가 많지만 怜悧해서 피해를 막는 데 어려움을 겪습니다. 한편 反哺之孝라, 어미에게 되먹이는 까마귀의 孝誠이 있습니다. 庚日에 난 사람은 이미 있던 것을 고쳐 새롭게 하는 更新의 속성을 드러내기 쉽습니다. 辛은 까투리로 대표적인 텃새인데 설화에는 반드시 恩惠를 갚는 새로 등장하며 속담으로는 "꿩은 머리만 풀에 감춘다"고 해서 愚鈍함에 빗대기도 합니다. 辛日에 난 사람은 대체로 삶이 辛苦하기 쉽습니다. 그런데 꿩이 일방적으로 매에게 당하는 것만은 아닙니다. 노련한 꿩은 누워 덤벼드는 매를 억센 다리로 一擊을 가해 매를 죽이기도 합니다.

壬은 제비로 철새입니다. “제비는 작아도 강남을 간다” 했으니 見聞이 넓고, 博識함을 의미합니다. 그러나 망망대해를 건너려니 여간 困難을 겪는 게 아닙니다. 제비는 넓적한 주둥이로 날아다니면서 벌레를 잘 잡으며 진흙과 지푸라기로 燕巢를 지어 그 둥지에다 새끼를 낳아 기릅니다. 그래서인지 대개 壬日에 난 사람은 創造力이 있습니다. 새끼에게는 하루에 200번 정도 먹이를 먹여 줄 정도니 玄鳥의 삶은 孤單한 것입니다. 癸는 박쥐로 날아다니는 유일한 哺乳類입니다. 박쥐에겐 밤이 낮입니다. ‘박쥐의 두 마음’이란 속담이 있는데 보통 기회주의적인 사람에 빗대어 쓰는 말이지만, 이것은 마치 얼레와 같이 奔走하고 다양한 交分을 쌓는 것을 의미하여 대체로 好感을 사는 편입니다.

十二支(십이지)를 動物(동물)에 비유한 것은 陰陽(음양)의 盛衰(성쇠)와 연관이 있습니다. 十二支(십이지)는 地圖(지도)를 나타낸 것으로 動物(동물)의 발에 달린 발가락 수로 陰陽(음양)을 구분하기도 합니다. 이를테면 寅(인)은 호랑이로 그 발톱의 수가 다섯으로 홀수니 陽(양)이고, 卯(묘)인 토끼는 발톱 수가 넷이니 짝수로 陰(음)이 되는 식입니다. 地支(지지)를 陰陽(음양)으로 구분할 때 처음의 글자는 홀수 奇(기)로 陽(양)이 되고, 다음 글자는 짝수 偶(우)라 해서 陰(음)이 되는 식인데 子(자)에서 一陽(일양)이 生(생)하여 天道(천도)가 시작됩니다. 그런데 계절의 구분은 봄 寅卯辰(인묘진), 여름 巳午未(사오미), 가을 申酉戌(신유술), 겨울 亥子丑(해자축)의 순으로 겨울의 시작은 亥(해)가 子(자) 앞에 있는 것을 알 수 있습니다. 그래서 앞에서 설명했듯 體(체)로 보면 子(자)는 陽(양)이고 亥(해)는 陰(음)이지만, 用(용)의 쓰임으로는 子(자)가 陰(음)이 되고 亥(해)가 陽(양)이 되는 것입니다.

▶ 十二支獸(십이지수)

그림에서 보다시피 열두 動物(동물)은 '쥐, 소, 호랑이, 토끼, 용, 뱀, 말, 양, 원숭이, 닭, 개, 돼지'로 구성되어 있습니다. 각 그림에 속한 숫자는 生年(생년)으로 보통 陰力(음력) 설날을 기준으로 해서

태어난 해의 띠가 정해집니다. 正月(정월)은 寅月(인월)에서 시작하여 丑月(축월)로 끝나는데 十二支(십이지)를 動物(동물)과 十二個月(십이개월)로 구분하면 다음과 같습니다.

▶ 十二獸月(십이수월)

虎(호)	兎(토)	龍(용)	蛇(사)	馬(마)	羊(양)	猴(후)	鷄(계)	狗(구)	豬(저)	鼠(서)	牛(우)
寅(인)	卯(묘)	辰(진)	巳(사)	午(오)	未(미)	申(신)	酉(유)	戌(술)	亥(해)	子(자)	丑(축)
정월	이월	삼월	사월	오월	유월	칠월	팔월	구월	시월	십일월	십이월

이와 같이 十二地(십이지)는 가지, 枝(지)와 같아 一年(일년)을 十二月(십이월)로 나누고 또한 一日(일일)을 十二時(십이시)로 나눌 수 있습니다. 계절은 寅(인)에서 시작되지만, 시간은 子(자)에서 시작됩니다. 즉 한해의 시작은 節氣(절기)로 立春(입춘)이 기점이 되며 하루의 시작은 子正(자정)이 분계가 되는 것입니다.

▶ 二十四時(이십사시)

子正(자정)		丑正(축정)		寅正(인정)		卯正(묘정)		辰正(진정)		巳正(사정)		正午(정오)		未正(미정)		申正(신정)		酉正(유정)		戌正(술정)		亥正(해정)	
12	1	2	3	4	5	6	7	8	9	10	11	12	1	2	3	4	5	6	7	8	9	10	11
時(시)	丑時(축시)		寅時(인시)		卯時(묘시)		辰時(진시)		巳時(사시)		午時(오시)		未時(미시)		申時(신시)		酉時(유시)		戌時(술시)		亥時(해시)		子(자)

즉 하루 스물네 시간을 열두 시간으로 쪼개면 子時(자시)는 밤 열한시부터 새벽 한시 사이고, 丑時(축시)는 새벽 한시 이후 세시까지임을 알 수 있습니다. 午時(오시)는 오전 열한시부터 오후 한시 사이고, 未時(미시)는 낮 한시 이후부터 세시까지로 구분됩니다. 문제는 子時(자시)입니다. 하루를 정하는 분계점이 子正(자정), 즉 밤 열두시이므로 子時(자시)는 전날에 걸쳐 이틀 동안에 진행되는 시간이 됩니다. 그래서 子(자)는 하루의 시작을 여는 陽(양)의 글자지만, 동시에 전날의 기운이 남아 있어 半陰半陽(반음반양)이라 할 수 있습니다. 전날의 子時(자시)

를 夜子時라 하고, 하루의 시작을 알리는 子時를 朝子時 혹은 正子時로 구분해서 말합니다. 까닭에 쥐를 子의 첫 자리에 놓은 것입니다. 유일하게 쥐라는 동물만 앞발과 뒷발의 발가락 수가 다릅니다. 앞은 네 개로 陰에 속하고, 뒤는 다섯으로 陽이 되어 夜子時는 陰이고 朝子時는 陽이 되는 것입니다.

이러한 내용은 袁樹珊의 命理探原에서 발견할 수 있습니다. “소, 토끼, 양, 닭, 돼지는 陰에 속하며 그 발가락이 雙과 偶로 되어있고, 뱀은 陰이 심하나 발이 없다. 호랑이, 용, 말, 원숭이, 개는 陽에 속하며 발가락이 單과 奇로 되어 있으나 유독 쥐만 앞발은 발가락이 네 개로 陰에 속하고 뒷발가락은 다섯 개로 陽에 속한다. 그러므로 夜子時는 陰에 속하고 正子時는 陽에 속한다.”

牛兎羊鷄猪屬陰, 其蹄爪雙偶, 巳陰甚, 不見足, 虎龍馬犬屬陽, 其蹄爪單奇, 獨鼠前兩雙脚陰四爪, 後兩雙脚屬陽五爪, 故夜子時屬陰, 而子時正屬陽.

子는 陽이지만 陰氣도 극성하므로 캄캄한 밤과 같습니다. 쥐 또한 어둡고 침침한 곳에서 서식하고 밤에 주로 활동하니 둘은 어울리는 맛이 있습니다. 丑은 陰에 속해 소의 발굽은 두 쪽으로 갈라졌고 寅, 범은 陽에 속하여 발톱이 다섯입니다. 소가 대략 丑時 경이면 起動해서 활동할 테고, 범은 寅時 경에 먹이를 찾아 움직인다고 보면 별반 틀리지 않습니다. 쥐는 음식을 훔쳐야 하고, 소는 굴레와 멍에를 지며 범은 항시 주림을 면치 못하니 비록 貴氣가 있다 해도 일찍 거동해야 하는 孤單함이 따를 것입니다.

卯, 토끼는 陰에 속해 발톱이 넷이며 辰인 龍은 발톱이 다섯으로 陽입니다. 뱀은 陰에 속하나 쓰임으로는 陽이 되니 巳月은 純陽의 계절로 陽氣로만 뭉쳐 뱀은 몸통밖에 없습니다. 뱀에서 陰(음)의 요소를 찾는다면 혀가 둘로 갈라진 것과 冷血動物(냉혈동물)이란 점을 들 수 있습니다. 뱀은 차가우면 움직이지 않다가 巳時(사시)경에 이르러야 활동하기 시작합니다.

午(오), 말은 陽(양)에 속하여 발굽이 통으로 되어있으며 활동이 왕성하고 달리기를 잘 합니다. 그러나 午(오)는 쓰임에 있어 陰(음)이 되므로 말은 怯(겁)이 많으며 서서 잠을 자는 습성이 있습니다. 未(미), 양은 陰(음)에 속하니 발굽이 갈라지고 申(신)의 원숭이는 陽(양)에 속하니 발톱이 다섯입니다. 말은 한나절이 되어야 에너지가 충만해지며, 양은 오후에 들어서야 윤기가 나고 원숭이는 申時(신시)에 시끄럽게 울부짖습니다.

酉(유), 닭은 陰(음)이니 발톱이 넷이며 戌(술)인 개는 陽(양)으로 발톱이 다섯입니다. 酉時(유시)에 이르면 해가 지고 노을을 수놓는데 그 화려함에 빗대어 장닭의 벼슬인 鷄官(계관)과 같다고 했습니다. 戌時(술시)는 어둠이 밀려오고 개가 짖어대는 때로 낮잠을 자고 나서 활동이 왕성해지는 시간입니다. 亥(해), 돼지는 陰(음)에 속하여 발굽이 나누어 졌는데 亥月(해월)은 純陰(순음)의 달로 돼지는 심줄이 없고, 쓰임으로는 陽(양)이 되므로 겉으로는 지방이 많아 肥大(비대)합니다.

지금까지 干支(간지)를 따로 논했는데 이제는 묶어 살펴보겠습니다. 內經(내경)에 이르길 天氣(천기)는 甲(갑)에서 시작되고 地氣(지기)는 子(자)에서 시작된다고 했는데 甲(갑)에다 子(자)를 더하고 乙(을)에다 丑(축)을 더하여 차례대로 배열해나가면 六十個(육십개)에 이르러 干支(간지)가 나란히 끝납니다. 이것을 六十甲子(육십갑자)라 하고, 보통 甲子(갑자), 내지 六甲(육갑)이라 말합니다. 十干(십간)과 十二支(십이지)의 조합은 얼핏 一百二十個(일백이십개)로 생각하기 쉽지만 陽干(양간)은 陽支(양지), 陰干(음간)은 陰支(음지)로만 干支(간지)가 결합되므로 六十甲子(육십갑자)가 되는 것입니다. 甲子(갑자)가 언제부터 누구에 의해 쓰였는지는 정확히 헤아리기 어려우나 먼 옛날 中國(중국)의 商(상)나라 때 역대 왕의 이

름으로 太甲(태갑)이나 沃丁(옥정), 天乙(천을) 등이 쓰인 것으로 보아 기원전 二(이)世紀(세기)경에는 이미 널리 사용된 것으로 推測(추측)됩니다.

▶ 六十甲子(육십갑자)

甲子(갑자)	乙丑(을축)	丙寅(병인)	丁卯(정묘)	戊辰(무진)	己巳(기사)	庚午(경오)	辛未(신미)	壬申(임신)	癸酉(계유)
甲戌(갑술)	乙亥(을해)	丙子(병자)	丁丑(정축)	戊寅(무인)	己卯(기묘)	庚辰(경진)	辛巳(신사)	壬午(임오)	癸未(계미)
甲申(갑신)	乙酉(을유)	丙戌(병술)	丁亥(정해)	戊子(무자)	己丑(기축)	庚寅(경인)	辛卯(신묘)	壬辰(임진)	癸巳(계사)
甲午(갑오)	乙未(을미)	丙申(병신)	丁酉(정유)	戊戌(무술)	己亥(기해)	庚子(경자)	辛丑(신축)	壬寅(임인)	癸卯(계묘)
甲辰(갑진)	乙巳(을사)	丙午(병오)	丁未(정미)	戊申(무신)	己酉(기유)	庚戌(경술)	辛亥(신해)	壬子(임자)	癸丑(계축)
甲寅(갑인)	乙卯(을묘)	丙辰(병진)	丁巳(정사)	戊午(무오)	己未(기미)	庚申(경신)	辛酉(신유)	壬戌(임술)	癸亥(계해)

서두에서 十干(십간)을 설명하면서 預測(예측)의 기능이 담겨 있다고 했는데, 歷史(역사)는 반복되고 그것에는 일정한 週期(주기)가 존재합니다. 週(주)

期는 數로 표시하고 預測의 논리는 數에 담겨있는 것입니다. 漢書인 律曆誌에는 "數의 헤아림은 宇宙參羅萬象의 원리에 부합된다"는 말이 있습니다. 중세 성 어거스틴(St. Augustine)은 數가 聖書 안에서 매우 성스러운 힘을 지닌 것으로 나타난다고 했으며 數를 절대자의 원형으로 보기도 했습니다. 이처럼 數의 반복적인 배열을 통해 거시적인 미래 預測이 가능한 것이며, 주목할 循環週期로 십진법과 십이진법, 육십진법의 三種을 들 수 있습니다. 이것은 곧 十干, 十二支, 六十甲子와 같은 것입니다. 가령 말하자면 景氣循環(Business Cycle)에서 장기파동은 六十年 週期로 콘트라티에프 파동(Kontratief cycle)이 대표적이며 이 주기 안에서 十年 週期로 반복되는 쥐글라르 파동(Jugler Cycle)이 거의 定設로 굳혀져 있는데, 祖上들은 日常에서 곧잘 이것을 활용했고, 앞날을 대비하는 지혜가 있었으므로 예로부터 豫知力이 뛰어난 민족으로 알려졌습니다.

한 마디로 甲子(갑자)는 위의 景氣循環(경기순환)과 같이 비단 年(년)에서만 활용되는 게 아니라 年月日時(연월일시) 모두에서 반복되므로 이른바 하루를 뜻하는 日辰(일진)에서 시간 단위에 이르기 까지 預測(예측)의 근거로 활용할 수 있다는 점에서 특기할만한 것입니다. 혹자는 日辰(일진)이 언제부터 무슨 근거로 시작되었는지 믿기 어려우므로 命理(명리) 자체를 부정하기도 합니다. 하지만 날짜의 기점이 되는 甲子日(갑자일)은 아무 날에나 정해지는 것이 아니고 고대부터 太陽(태양)의 度數(도수)를 헤아려 子月(자월), 초하루 子正(자정)인 冬至節(동지절)이 들어오는 날로부터 甲子(갑자)가 시작되었습니다. 바로 이 시점의 年月日時(연월일시) 네 기둥이 甲子年(갑자년), 甲子月(갑자월), 甲子日(갑자일), 甲子時(갑자시)로 四柱(사주)의 기원이 되는 것입니다.

干支(간지)를 가지고 처음으로 착수한 것은 날짜의 기록입니다. 殷(은)代(대) 갑골문에 여러 개의 干支表(간지표)가 등장하는데 이것은 당시의 日(일)曆(력)이라고 할 수 있습니다. 천문학자들의 연구에 따르면 干支紀(간지기)

日法은 春秋 이래로 착란이 전혀 없다고 합니다. 좀 더 정확히 말하면 기원전 七百二年 魯隱公 三年, 二月 乙巳日부터 오늘 날까지 뛰어넘거나 중복된 날이 전혀 없다는 것입니다. 干支로 年을 표시하는 것은 東漢 建武 三年, 서기 五十四年부터 시작된 것으로 전해집니다.

이제 甲子로 四主八字를 세울 시점에 이르렀습니다. 四柱는 年의 干支, 月의 干支, 日의 干支, 時의 干支 즉 八字로 몸체를 이루는데 年의 干支는 太歲라 하고, 月은 月建, 日은 日辰, 時는 時辰이라 합니다. 즉 年柱는 太歲와 같은 말이고, 月柱는 月建, 日柱는 日辰, 時柱는 곧 時辰입니다.

▶ 四柱名稱(사주명칭)

時柱(시주)	日柱(일주)	月柱(월주)	年柱(년주)
時辰(시진)	日辰(일진)	月建(월건)	太歲(태세)

먼저 年(년)의 甲子(갑자)를 정해야 하는데, 한해의 시작은 봄, 節氣(절기)로 立春(입춘)이 분계입니다. 따라서 八字(팔자)를 세우려면 먼저 節氣(절기)를 알아야 합니다. 태양은 一日(일일)에 一度(일도)씩 西(서)에서 東(동)으로 움직이고 달은 하루에 十三度(십삼도)씩 西(서)에서 東(동)으로 움직입니다. 지구가 태양을 公轉(공전)하고 달이 지구를 公轉(공전)함에 속도의 차이가 생겨 太陰曆(태음력)은 五年(오년)에 두 번 閏(윤)달을 두게 됩니다. 天體(천체)의 자연계에서 지구가 태양을 중심으로 動(동)하기 때문에 태양 운동의 척도인 二十四節氣(이십사절기)에 의해 年(년)과 月(월)을 정하는 것입니다. 一年(일년)은 十二個月(십이개월)이니

한 달에 두 개의 節氣가 있음을 알 수 있습니다.

正月에는 立春과 雨水, 二月에는 驚蟄과 春分, 三月에는 淸明과 穀雨, 四月에는 立夏와 小滿, 五月에는 芒種과 夏至, 六月에는 小暑와 大暑, 七月에는 立秋와 處暑, 八月에는 白露와 秋分, 九月에는 寒露와 霜降, 十月에는 立冬과 小雪, 十一月에는 大雪과 冬至, 十二月에는 小寒과 大寒으로 각기 두 개의 絶氣가 있습니다.

命理에서 한해의 시작은 歲首는 立春이 되는 시각부터 시작된다고 했는데, 이를테면 甲子年 十二月生이라 해도 立春이 지났다면 乙丑年生으로 보는 식입니다. 또 一月生이라 해도 立春이 지나지 않았다면 지난해의 十二月로 간주합니다. 月도 같은 이치니 正月은 立春부터 시작되고, 二月은 驚蟄부터 시작합니다. 閏달도 초하루 그믐에 관계없이 絶氣를 기준으로 삼는 것입니다. 古書에 換臣不換君이라고 해서 年은 임금이고 月은 신하로 보아 甲子年生이면 비록 立春이 지났다고 해도 甲子年이며 月만 節氣에 준해 寅月로 바꿀 수 있다는 주장을 펴기도 하는데 이것은 節候曆法의 이치에 맞지 않으므로 채용의 여지가 없는 것입니다. 이상을 다시 설명하면 二十四節氣는 각각 節과 氣로 구분해서 月을 정하게 됩니다.

立春부터 寅月이고, 雨水는 寅月의 中氣입니다.

驚蟄부터 卯月이고, 春分은 卯月의 中氣입니다

淸明부터 辰月이고, 穀雨는 三月의 中氣입니다.

立夏부터 巳月이고, 小滿은 巳月의 中氣입니다.

芒種부터 午月이고, 夏至는 午月의 中氣입니다.

小暑부터 未月이고, 大暑는 未月의 中氣입니다.

立秋(입추)부터 申月(신월)이고, 處暑(처서)는 申月(신월)의 中氣(중기)입니다.

白露(백로)부터 酉月(유월)이고, 秋分(추분)은 酉月(유월)의 中氣(중기)입니다.

寒露(한로)부터 戌月(술월)이고, 霜降(상강)은 戌月(술월)의 中氣(중기)입니다.

立冬(입동)부터 亥月(해월)이고, 小雪(소설)은 亥月(해월)의 中氣(중기)입니다.

大雪(대설)부터 子月(자월)이고, 冬至(동지)는 子月(자월)의 中氣(중기)입니다.

小寒(소한)부터 丑月(축월)이고, 大寒(대한)은 丑月(축월)의 中氣(중기)입니다.

▶ 二十四節氣(이십사절기)

四時(사시)	節氣(절기)	陽曆日字(양력일자)	區分(구분)
春(춘)	立春(입춘)	2월 4일경	봄의 시작
	雨水(우수)	2월 19일경	봄비가 내리고 싹이 틈
	驚蟄(경칩)	3월 6일경	개구리가 동면에서 깸
	春分(춘분)	3월 21일경	낮이 길어지기 시작
	淸明(청명)	4월 5일경	봄 농사를 준비
	穀雨(곡우)	4월 20일경	곡식에 필요한 비가 내림

夏(하)	立夏(입하)	5월 6일경	여름의 시작
	小滿(소만)	5월 21일경	본격적인 농사 준비
	芒種(망종)	6월 6일경	씨를 뿌리기
	夏至(하지)	6월 21일경	낮이 가장 긴 때
	小暑(소서)	7월 8일경	여름 더위의 시작
	大暑(대서)	7월 23일경	무더위가 가장 심한 때
秋(추)	立秋(입추)	8월 8일경	가을의 시작
	處暑(처서)	8월 23일경	더위가 가고 일교차 커짐
	白露(백로)	9월 9일경	이슬이 내리기 시작
	秋分(추분)	9월 23일경	밤이 길어지기 시작
	寒露(한로)	10월 8일경	찬 이슬이 내리기 시작
	霜降(상강)	10월 23일경	서리가 내리기 시작
冬(동)	立冬(입동)	11월 8일경	겨울의 시작
	小雪(소설)	11월 23일경	얼음이 얼기 시작
	大雪(대설)	12월 7일경	큰 눈이 올 때
	冬至(동지)	12월 22일경	밤이 가장 긴 때
	小寒(소한)	1월 5일경	매서운 추위가 나타날 때
	大寒(대한)	1월 20일경	가장 추운 때

여러 번에 걸쳐 한해의 시작을 뜻하는 歲首로 立春이 기점이 된다고 했는데 지역이나 시대, 정서에 따라 歲首가 일치하지는 않습니다. 中國에서도 고대 夏나라 때에는 寅月을 歲首로 삼았지만, 秦나라 때는 亥月로 周나라 때는 子月로 歲首를 삼았으니 이것은 지금의 太陽曆과 같은 것입니다. 陽氣가 처음 生하는 곳은 子이지만 一年을 四時로 나누면 子는 仲冬 北方에 속하여 태양이 뜨지 않고 萬物이 소생하는 기미가 보이지 않습니다. 그래서 孔子는 春正正月이라 했고, 이는 곧 寅月이니 비록 陽氣가 子에서 時生하나 寅月을 歲首로 삼는 것이 農事와 생활의 정서에 맞아 太陰曆에 준해 立春부터 歲首를 삼은 것입니다. 무릇 命理는 天文이나 地理가 아닌 人事에 초점을 맞추는 것으로 寅月을 歲首로 삼는 것은 지당합니다.

四柱八字를 정할 때 太歲와 月建, 그리고 時辰은 짐작하여 세울 수 있으나 태어난 날의 日辰은 좀체 알 길이 없습니다. 그래서 오랜 세월의 曆이 수록된 萬歲曆이 필요합니다. 萬歲曆이 있으면 年月日時의 干支를 한눈에 알 수 있으므로 이 책은 필수입니다. 예컨대 서기 二千年의 太歲는 庚辰임을 단박에 확인할 수 있습니다. 후년은 당연 辛巳年일 테고 전해는 己卯年일 것입니다. 이렇게 太歲는 甲子 순으로 적어나가면 별 어려움이 없는데 太歲 다음으로 月建을 정할 때 地支는 변함이 없으나 天干은 해마다 달라지므로 月建을 정하는 법이 있습니다. 이것을 年頭法이라고 합니다.

一年은 十二個月이니 月의 六甲이 한 바퀴를 돌아 끝나려면 六十個月, 즉 五年이 걸립니다. 地支는 언제나 正月이 寅月로 같지만, 天干은 動하여 일정치 않습니다. 年月日時의 처음이 甲子年, 甲子月, 甲子日, 甲子時로 시작되지만 子月은 歲首로 삼지 않으니 甲子(갑자), 乙丑(을축)의 두 달을 제쳐두면 丙寅月(병인월)이 正月(정월)이 됩니다. 이를 차례대로 세어 나가면 乙丑年(을축년) 正月(정월)은 戊寅月(무인월)이 되고 丙寅年(병인년)의 正月(정월)은 庚寅月(경인월)이 됨을 알 수 있습니다. 이렇게 해서 甲子(갑자)로부터 五年(오년)만인 己巳年(기사년)의 正月(정월)이 다시 丙寅月(병인월)이 됩니다. 그래서 年頭法(년두법)에 甲己之年(갑기지년)은 丙寅頭(병인두)가 되는 것입니다. 다시 정리해보면, 甲己之年(갑기지년)의 正月(정월)은 丙寅(병인)이요, 乙庚之年(을경지년)의 正月(정월)은 戊寅(무인)이며 丙辛之年(병신지년)의 正月(정월)은 庚寅(경인)이고, 丁壬之年(정임지년)의 正月(정월)은 壬寅月(임인월), 戊癸之年(무계지년)의 正月(정월)은 甲寅月(갑인월)이 됩니다.

▶ 月建表(월건표)

陰曆(음력)	節氣(절기)	甲己之年(갑기지년)	乙庚之年(을경지년)	丙辛之年(병신지년)	丁壬之年(정임지년)	戊癸之年(무계지년)
一月(일월)	立春(입춘)	丙寅(병인)	戊寅(무인)	庚寅(경인)	壬寅(임인)	甲寅(갑인)
二月(이월)	驚蟄(경칩)	丁卯(정묘)	己卯(기묘)	辛卯(신묘)	癸卯(계묘)	乙卯(을묘)
三月(삼월)	淸明(청명)	戊辰(무진)	庚辰(경진)	壬辰(임진)	甲辰(갑진)	丙辰(병진)
四月(사월)	立夏(입하)	己巳(기사)	辛巳(신사)	癸巳(계사)	乙巳(을사)	丁巳(정사)
五月(오월)	芒種(망종)	庚午(경오)	壬午(임오)	甲午(갑오)	丙午(병오)	戊午(무오)
六月(육월)	小暑(소서)	辛未(신미)	癸未(계미)	乙未(을미)	丁未(정미)	己未(기미)
七月(칠월)	立秋(입추)	壬申(임신)	甲申(갑신)	丙申(병신)	戊申(무신)	庚申(경신)
八月(팔월)	白露(백로)	癸酉(계유)	乙酉(을유)	丁酉(정유)	己酉(기유)	辛酉(신유)
九月(구월)	寒露(한로)	甲戌(갑술)	丙戌(병술)	戊戌(무술)	庚戌(경술)	壬戌(임술)
十月(십월)	立冬(입동)	乙亥(을해)	丁亥(정해)	己亥(기해)	辛亥(신해)	癸亥(계해)
十一月(십일월)	大雪(대설)	丙子(병자)	戊子(무자)	庚子(경자)	壬子(임자)	甲子(갑자)
十二月(십이월)	小寒(소한)	丁丑(정축)	己丑(기축)	辛丑(신축)	癸丑(계축)	乙丑(을축)

太歲(태세)와 月建(월건)을 정하는 방법을 알았으니 다음으로 日辰(일진)을 세우게 됩니다. 이것은 萬歲曆(만세력)에서 生日(생일)을 찾아 기록해야 합니

다. 日辰도 萬歲曆을 보지 않고 짐작할 수 있는 방법이 있는데 꽤 시간이 걸리고 간혹 부정확할 수 있으므로 萬歲曆을 통해 일괄적으로 生年月日의 太歲와 月建, 日辰을 찾아 기록하는 것이 좋습니다. 四柱에서 日柱는 자신과 현재 상황을 암시하는 기준이 되는 자리이므로 生日의 日辰은 특별히 중요한 의미를 갖습니다.

日辰 다음으로 時辰을 세울 때는 年頭法과 마찬가지로 時의 干支를 정하게 됩니다. 一日은 十二時니 六甲이 한 바퀴를 돌아 끝나려면 五日이 걸립니다. 甲子日에 甲子時로 시작해서 차례대로 甲子를 붙여 나가면 乙丑日에 丙子時가 되고, 己巳日에 이르러 다시 甲子時가 되는 법칙을 발견할 수 있습니다. 이렇게 時辰은 日辰의 天干에 의해 결정되므로 이것을 時頭法이라 일컫습니다.

生日의 天干, 즉 日干이 甲이나 己에 해당하면 時柱는 甲子

時부터 진행합니다. 乙日이나 庚日에 태어났다면 丙子時부터 진행합니다. 丙日이나 辛日에 태어났다면 戊子時부터 진행합니다. 丁日이나 壬日에 태어났다면 庚子時부터 진행합니다. 戊日이나 癸日에 태어났다면 壬子時부터 진행합니다. 예를 들어 누군가가 戊子日에 출생하여 生時가 酉時라면 戊日이나 癸日에 난 사람은 壬子時부터 시작되므로 子에서 酉까지 셈을 해 나가면 壬子, 癸丑, 甲寅, 乙卯, 丙辰, 丁巳, 戊午, 己未, 庚申 다음으로 辛酉가 되니 이 사람은 戊子日 辛酉時生이 되는 것입니다. 그런데 子時에 태어났다면 신중을 기해야 합니다. 命理에서 한해의 시작은 立春을 분계를 삼고 하루의 시작은 子時가 아닌 子正이 경계인데 밤 十一時부터 十二時까지는 夜子時라 해서 日辰을 바꾸지 않고, 零時부터 一時까지는 朝子時라 해서 완전히 日辰이 바뀌는 것입니다. 따라서 하루의 시간은 十三個로 구분하는 것이 옳습니다.

▶ 時辰表(시진표)

生時(생시)	時間(시간)	甲己之日(갑기지일)	乙庚之日(을경지일)	丙辛之日(병신지일)	丁壬之日(정임지일)	戊癸之日(무계지일)
朝子時(조자시)	the zero hour - 1 a.m.	甲子(갑자)	丙子(병자)	戊子(무자)	庚子(경자)	壬子(임자)
丑時(축시)	- 3 a.m.	乙丑(을축)	丁丑(정축)	己丑(기축)	辛丑(신축)	癸丑(계축)
寅時(인시)	- 5 a.m.	丙寅(병인)	戊寅(무인)	庚寅(경인)	壬寅(임인)	甲寅(갑인)
卯時(묘시)	- 7 a.m.	丁卯(정묘)	己卯(기묘)	辛卯(신묘)	癸卯(계묘)	乙卯(을묘)
辰時(진시)	- 9 a.m.	戊辰(무진)	庚辰(경진)	壬辰(임진)	甲辰(갑진)	丙辰(병진)
巳時(사시)	- 11 a.m.	己巳(기사)	辛巳(신사)	癸巳(계사)	乙巳(을사)	丁巳(정사)
午時(오시)	- 1 p.m.	庚午(경오)	壬午(임오)	甲午(갑오)	丙午(병오)	戊午(무오)
未時(미시)	- 3 p.m.	辛未(신미)	癸未(계미)	乙未(을미)	丁未(정미)	己未(기미)
申時(신시)	- 5 p.m.	壬申(임신)	甲申(갑신)	丙申(병신)	戊申(무신)	庚申(경신)
酉時(유시)	- 7 p.m.	癸酉(계유)	乙酉(을유)	丁酉(정유)	己酉(기유)	辛酉(신유)
戌時(술시)	- 9 p.m.	甲戌(갑술)	丙戌(병술)	戊戌(무술)	庚戌(경술)	壬戌(임술)
亥時(해시)	- 11 p.m.	乙亥(을해)	丁亥(정해)	己亥(기해)	辛亥(신해)	癸亥(계해)
夜子時(야자시)	- midnight	丙子(병자)	戊子(무자)	庚子(경자)	壬子(임자)	甲子(갑자)

子時(자시)를 구분하는 것에 대해서는 命理家(명리가)들 사이에서 여전히

논란거리가 되고 있습니다. 혹자는 夜子時(야자시)와 朝子時(조자시)에 관계없이 子時(자시)가 되면 무조건 日辰(일진)을 바꾸어야 한다는 說(설)을 주장합니다만, 하루의 기준이 子正(자정)이고 子半(자반)에 生陽(생양)함은 엄연한 진리이자 正論(정론)이므로 재론의 여지가 없다고 하겠습니다. 덧붙여 八字(팔자)를 실상에 대입했을 때 子時(자시)의 구분은 합당한 것을 여실히 徵驗(징험)하게 되므로 더 이상 論駁(논박)할 대상이 아닙니다. 年頭法(연두법)과 時頭法(시두법)은 다음과 같이 정리해서 暗記(암기)하면 좋습니다.

▶ 年頭時頭法(연두시두법)

年頭法(연두법)	時頭法(시두법)
甲己之年丙寅頭(갑기지년병인두)	甲己夜半生甲子(갑기야반생갑자)
乙庚之年戊寅頭(을경지년무인두)	乙庚夜半生丙子(을경야반생병자)
丙辛之年庚寅頭(병신지년경인두)	丙辛夜半生戊子(병신야반생무자)
丁壬之年壬寅頭(정임지년임인두)	丁壬夜半生庚子(정임야반생경자)
戊癸之年甲寅頭(무계지년갑인두)	戊癸夜半生甲寅(무계야반생갑인)

八字의 生時에 따라 命運은 天壤之差일 수 있으므로 四柱를 정할 때는 소홀함이 없어야 합니다. 특히 시간의 문제에 있어서는 자칫 실수할 소지가 있으므로 時間變更에 대한 정보가 있어야 합니다. 특히 우리나라는 많은 激動을 겪으며 정세에 따라 표준시를 變更하는 일이 잦았고 또한 1961년 이후 현재까지 쓰고 있는 시간도 東京標準時間에 준하므로 八字를 세울 때는 이상의 모두를 감안해서 정확한 時를 찾아야 합니다. 日本과 우리나라는 經度의 차이가 있으므로 현재 사용하는 시간에 대강 三十分분 정도를 늦추어 적용해야 표준시가 되는 것입니다. 즉 지금의 十二時가 正午가 아니라 十二時 三十分경이 正午가 되는 것입니다. 이것은 비단 日本과 우리나라와의 문제가 아니라 부산과 서울의 正午도 조금씩 차이가 나는 것입니다. 그래서 八字를 해석하는 과정에서 정확한 生時를 보정하는 경우가 더러 있습니다. 따라서 命理家에게 子正은 零時 三十分으로 인식되며, 가령 丑時일 경우 一時 三十分에서 三時 三十分 사이로 염두에 두는 것이 상식화되어 있습니다. 또한 과거 우리나라의 變更時間 과정을 認識해야 합니다.

▶ 時間變更史

韓日倂合, 1910년(庚戌) 음력 07월 25일 子時부터 ■ 東京標準時 적용	30분 빨라졌음
解防 이후, ■時縮(서머타임) 적용 – 1948년(戊子) 음력 04월 23일 子時부터 음력 08월 10일 亥時까지 – 1949년(己丑) 음력 03월 03일 子時부터 음력 08월 02일 亥時까지	90분 빠름

– 1950년(庚寅) 음력 02월 14일 子時부터 음력 08월 12일 亥時까지 – 1951년(辛卯) 음력 04월 01일 子時부터 음력 08월 08일 亥時까지	
1954년(甲午) 음력 02월 17일 子時부터 ■ 서울標準時 회복	정상 시간
■서머타임 실시 기간 – 1955년(乙未) 음력 03월 14일 子時부터 음력 08월 06일 亥時까지 – 1956년丙申) 음력 04월 11일 子時부터 음력 08월 25일 亥時까지 – 1957년(丁酉) 음력 04월 06일 子時부터 음력 08월 28일 亥時까지 – 1958년(戊戌) 음력 03월 16일 子時부터 음력 08월 08일 亥時까지	1시간 빠름

- 1959년(己亥) 음력 03월 27일 子時부터 음력 08월 17일 亥時까지 - 1960년(庚子) 음력 04월 06일 子時부터 음력 07월 27일 亥時까지	
1961년(辛丑) 음력 06월 29일 子時부터 현재까지 ■ 東京標準時 적용	30분 빨라졌음
■서머타임 실시 기간 - 1987년(丁卯) 음력 04월 13일 02시부터 음력 08월 19일 03시 까지 - 1988년(戊辰) 음력 03월 23일 02시부터 음력 08월 29일 03시 까지	90분 빠름

時辰을 세울 때 生時는 정교할수록 좋을 것입니다. 최근에는 태어난 지역의 經度를 기준으로 東京標準時와의 차이를 감안, 정확한 時를 뽑아내는 것이 비교적 수월합니다. 가령 濟州道는

33분 52초, 서울은 31분 52초, 大田은 30분 24초, 統營은 26분 16초, 大邱는 25분 32초, 釜山은 23분 52초, 慶州는 22분 04초, 鬱陵道는 16분 24초를 현재 시간에 더해서 참고하는 식인데 과거에는 生時를 정확하게 측정하고 이를 기억하는 경우가 많지 않았습니다. 그래서 易으로 八字와 현상과의 관계를 살펴 정확한 生時를 歸納할 때가 있습니다.

이제 太歲와 月建, 日辰과 時辰을 다 알게 되었으니 四柱八字를 세우기가 어렵지 않습니다. 萬歲曆에는 陰曆과 陽曆 모두가 표시되어 있으므로 본인이나 상대방이 기억하는 生日이 무엇이든 관계가 없습니다. 예를 들어 陰曆으로 2000년 5월 2일 오전 11시 40분에 태어난 사람이라면 萬歲曆에 太歲는 庚辰이고 月建이 辛巳, 日辰은 壬辰임을 바로 확인할 수 있습니다. 혹 5월이니 午月이 맞는 게 아닌가 하는 의문을 품을 수도 있겠는데, 月建은 節氣에 따라 정해지므로 午月로 접어드는 節氣 芒種이 지나지 않았으므로 巳月이 되는 것입니다. 어쨌든 이러한 구분은 萬歲曆에 보기 쉽도록 기록되어 있으므로 염려할 바가 아닙니다. 이렇게 庚辰年, 辛巳月, 壬辰日까지 三柱가 정해지면 끝으로 時辰을 세워 四柱를 완성하게 됩니다. 이 사람은 午時生이니 앞에서 丁日과 壬日은 庚子時부터 시작되므로 庚子, 辛丑, 壬寅, 癸卯, 甲辰, 乙巳 순으로 헤아리면 丙午時가 됨을 알 수 있습니다. 따라서 이 사람의 八字는 庚辰年, 辛巳月, 壬辰日, 丙午時가 됩니다. 보통 八字를 적을 때는 다음과 같이 左에서 右로 年月日時 순으로 기재합니다.

丙 壬 辛 庚
午 辰 巳 辰

다른 예로 陽曆으로 1988년 9월 2일 밤 11시 20분에 태어났다면, 이 사람은 陰曆으로 7월 22일 出生한 사실을 萬歲曆을 통해 바로 알 수 있습니다. 밤 11시가 지났으니 얼핏 子時로 보기 쉬우나 30분이 지나지 않았으므로 亥時生입니다. 이 해의 太歲는 戊辰이고, 月建은 白露節로 庚申입니다. 日辰은 曆에 있는 그대로 庚申이 되며 時辰은 庚日 丙子時로 시작하여 丁丑, 戊寅, 己卯, 庚辰, 辛巳, 壬午, 癸未, 甲申, 乙酉, 丙戌 순으로 진행하여 丁亥임을 알 수 있습니다. 生時의 干支는 앞의 時辰表를 확인해서 바로 정할 수도 있습니다. 따라서 이 사람의 八字는 戊辰年, 庚申月, 庚申日, 丁亥時가 됩니다.

丁 庚 庚 戊
亥 申 申 辰

그런데 만약 1988년 9월 2일에 태어난 사람의 出生時가 밤 11시 40분이라면 亥時(해시)가 아닌 子時(자시)입니다. 子時(자시)는 夜子時(야자시)와 朝子時(조자시)의 둘로 구분된다 했는데 子正(자정)을 넘긴 게 아니므로 夜子時(야자시)에 속합니다. 그러므로 丁亥時(정해시) 다음의 戊子時生(무자시생)이 되어 이 사람의 八字(팔자)는 戊辰年(무진년), 庚申月(경신월), 庚申日(경신일), 戊子時(무자시)가 됩니다.

戊 庚 庚 戊
子 申 申 辰

陽曆(양력) 2007년 2월 1일 저녁 6시에 태어난 男兒(남아)의 四柱(사주)를 세워보겠습니다. 2007년은 太歲(태세)는 丁亥(정해)인데 이 사람은 전해의 2006년 丙戌年生(병술년생)이 맞습니다. 한해의 시작은 立春(입춘)이 분계가 된다고 했는데 이때의 立春日(입춘일)은 陽曆(양력)으로 2월 4일 오후 2시 17분을 기점으로 정해집니다. 까닭에 命理(명리)에서는 立春(입춘)에 들지 않은 2월 1일을 丁亥年(정해년)으로 보지 않고 지난해의 丙戌年(병술년)으로 정하는 것입니다. 이 사람의 太歲(태세)는 丙戌(병술)이고 月建(월건)은 辛丑(신축)이며 日辰(일진)은 丙寅(병인), 時辰(시진)은 丁酉(정유)가 되니 이것이 곧 八字(팔자)가 됩니다. 四柱(사주)를 세울 때 남자는 乾命(건명) 내지 男命(남명)이라 하고, 여자는 坤命(곤명) 내지 女命(여명)이라 이르는데 丙戌生(병술생)은 男兒(남아)의 四柱(사주)니 乾命(건명)이 될 것입니다. 따라서,

乾命,

丁 丙 辛 丙

酉 寅 丑 戌

혹은 어린아이라 小兒命(소아명)으로 표기해둡니다.

小兒,

丁 丙 辛 丙

酉 寅 丑 戌

앞에서 예로 든 陽曆으로 2007년 2월 1일은 陰曆으로 2006년 12월 14일입니다. 立春日은 陰曆으로 2006년 12월 17일에 해당하니 陰曆으로 2006년 12월 17일 지나서 태어난 사람들은 비록 설날, 陰曆 1월 1일을 지나지 않아도 丁亥年生이 되는 것입니다. 이를테면 陰曆 2006년 12월 20일 丑時에 태어난 女兒일 경우 八字는 丁亥年, 壬寅月, 壬申日, 辛丑時가 됩니다.

坤命,

辛 壬 壬 丁

丑 申 寅 亥

四柱를 세우고 나면 각 글자의 위치에 따른 명칭에 익숙해져야 합니다. 가령 陽曆으로 2007년 2월 21일, 子時의 八字는 丁亥生인데 이를 두고 연습해보겠습니다.

戊丙壬丁
子戌寅亥

위에서 生年의 干支 丁亥는 年柱 내지 太歲라 하고 丁火는 年干, 亥水는 年支입니다. 生月의 干支 壬寅은 月柱 내지 月建이라 하고 壬水는 月干, 寅木은 月支입니다. 生日의 干支 丙戌은 日柱 내지 日辰이라 하고 丙火는 日干, 戌土는 日支입니다. 生時의 干支 戊子는 時柱 내지 時辰이라 하고 戊土는 時干, 子水는 時支입니다.

太歲는 根이라 해서 이곳의 동태를 헤아려 父母의 成衰와 幼年期를 살핍니다. 태어난 해를 따로 구분하는 의미에서 當年太歲라 하고 매년 지나가는 해를 流年太歲라 합니다. 月建은 苗로 이곳의 동태를 헤아려 兄弟와 成長期를 살핍니다. 특히

月支는 命理에서 특별히 중요시하는 계절의 기운을 담고 있으므로 月令이라 하고, 月支에 속한 藏干을 提綱이라 합니다. 四柱의 여덟 글자는 모조리 月令에 귀속시켜 '좋고, 나쁨'을 가리므로 月支를 用神으로 표현합니다. 이 말은 종래 八字術의 核心이 되는 내용으로 새겨야 합니다.

日辰은 四柱의 主體가 됩니다. 그래서 命主 혹은 己身으로 일컫는데 日柱를 의미하기도 하고, 따로 日干만을 뜻하기도 합니다. 入門 과정에서는 다소 어려운 이야기인데 여기서부터 體用이라는 개념이 비롯됩니다. 八字에서 주인공을 의미하는 한 글자만 정하라면 그것은 응당 日干이 되므로 '日干은 體, 月支는 用'으로 구분할 수 있습니다. 그런데 한 사람의 命運을 규정하는 본체로 八字 전체를 體로 삼을 수도 있으므로 이때의 用은 月支가 아닌 다른 대상이 되기도 합니다. 命理를 학습하는 많은 사람들이 이 用神의 개념에 대해 혼란을 겪는 일이 잦은데 지금은 일단 用神이 어느 하나의 대상으로만 규정되는 것은 아니라는 선에서 이해하고 넘어가면 됩니다. 太歲가 根이고, 月建이 苗라면 日辰은 花로 壯年期를 살피는 자리입니다. 남은 生時의 干支는 時辰인데 이것은 實이고 晩年의 상황을 암시합니다. 子正을 기점으로 日辰을 바꾼다는 것은 子月의 中氣가 되는 冬至부터 一陽이 生한다는 이치와 다름이 없으니 氣의 편재됨이 없는 子正을 日의 분계로 삼는 것은 당연합니다.

▶ 四柱構成(사주구성)

時干(시간)	日干(일간)	月干(월간)	年干(년간)
時支(시지)	日支(일지)	月支(월지)	年支(년지)
時柱(시주)	日柱(일주)	月柱(월주)	年柱(년주)
時辰(시진)	日辰(일진)	月建(월건)	太歲(태세)
實(실)	花(화)	苗(묘)	根(근)

四柱(사주)를 다 세웠으면 다음으로 매 十年間(십년간)의 運(운)을 주관하는 大運(대운)을 정해야 합니다. 먼저 그 방법, 즉 大運法(대운법)부터 설명합니다. 大運(대운)을 세우려면 우선 八字(팔자)에서 太歲(태세)의 陰陽(음양)을 나누고, 다음으로 男命(남명)과 女命(여명)을 구분해야 합니다. 大運(대운)은 月柱(월주)를 기준으로 一位(일위)씩 진행하는데, 生年(생년)의 太歲(태세)가 陽(양)의 글자이면서 男命(남명)이면 順行(순행)하고 女命(여명)이면 逆行(역행)합니다. 이와 달리 太歲(태세)가 陰(음)으로 男命(남명)이면 逆行(역행)하고 女命(여명)이면 順行(순행)합니다. 즉 陽男陰女(양남음녀)는 順行(순행)하

고, 陰男陽女는 逆行합니다. 예를 들어 남자가 丙子年 壬辰月에 出生했다면 陽男陰女는 順行하니 大運이 壬辰月 이후 癸巳, 甲午, 乙未, 丙申, 丁酉 순으로 진행됩니다. 반대로 여자가 丙子年 壬辰月에 出生했다면 陰男陽女는 逆行하니 壬辰月 전 一位인 辛卯, 庚寅, 己丑, 戊子, 丁亥 순으로 거슬러갑니다.

다시 말해 順行은 未來節로 나아가고 逆行은 過去節로 나아가는 것인데 出生日로부터 未來節이나 過去節을 향하여 각 三日씩 除한 숫자가 大運數입니다. 이를테면 壬申生의 남자가 正月 十五日에 났다면 陽男陰女로 大運이 順行하니 未來節에 해당하는 驚蟄이 正月 三十日라고 했을 때 驚蟄이 十五日 남았으므로 이것을 三으로 나누면 五가 되어 바로 이 숫자가 大運數가 됩니다. 반대로 壬申生이 여자라면 陰男陽女는 逆行으로 過去節인 立春까지도 十五日이 지났으므로 三日씩 나누면 역시 五가 大運數입니다. 이렇게 五로 정해진 大運數는 五라는 숫자 단위로 각 十年씩 구분되어 大運이 설정되는 것인데 五歲부터 十四歲, 十五歲부터 二十四歲, 二十五歲부터 三十四歲와 같은 식으로 정해지는 식입니다. 가령 다음과 같은 四柱가 있다고 칩시다.

坤命,

甲 丁 甲 丁

辰 丑 辰 丑

丁丑生인 이 사람은 여자로 陰女이니 陽男陰女는 大運이 順行하여 月柱의 甲辰 다음인 乙巳, 丙午, 丁未와 같은 순으로 진행될 것입니다. 辰月生이면 節氣로 淸明에 속하는데 未來節은 立夏가 됩니다. 이 사람은 태어난 날은 마침 淸明日인데 이

해의 淸命이 시작되는 節入時間이 2시 41분이었으므로 節入時間을 지나 出生했으니 月建이 甲辰이 된 것입니다. 그렇다면 未來節인 立夏까지는 꼬박 三十日이 지나야 하니 이를 三日로 나누면 十의 大運數가 산출됩니다. 大運數가 十이면 따로 旬運이라 하고, 八字 아래에 大運을 기재하는데 八字와 大運을 다 합쳐 命式이라 표현하며 이상으로 四柱八字를 온전히 다 세웠다고 볼 수 있습니다.

坤命,

甲 丁 甲 丁
辰 丑 辰 丑

庚 己 戊 丁 丙 乙
戌 酉 申 未 午 巳
六 五 四 三 二 一
十 十 十 十 十 十

위에서 첫 大運이 되는 乙巳運은 十一歲부터 十九歲까지의 運을, 丙午는 二十歲에서 二十九歲까지의 運을 주관하는 기간으로 설정되는 것입니다. 즉 命運이란 八字와 大運을 합한 뜻입니다. 八字는 大運에 의해 運命의 변화를 맞이하게 되지만, 이러한 변화를 예고하는 運 또한 이미 八字가 세워지는 동시에 같이 정해지니 命理는 철저히 人間의 의지로는 극복하기 不可한 先天運의 범주에 속하는 것입니다. 앞으로 八字는 命 내지 元命, 大運은 運으로 언급합니다. 行運에 大運이 있으면 매년의 運이 있을 것이고, 또 매월, 매일, 매시의 運으로 각각 구분될 것입니다. 보통 한해의 運을 두고 大運과 구분해서 歲運이라 하는데 歲運이란 太歲와 大運을 함께 일컫는 말로 옳지 않습니다. 그러므로 평범하게 年運이나 行年, 혹은 流年運 정도로 표현하는 게 적당합니다. 年運과 마찬가지로 나머지도 月運,

日運, 時運과 같은 식으로 구분하면 됩니다. 단지 運으로만 지칭할 때는 그것이 大運이라는 점을 잊지 않도록 유의해야 합니다. 그리고 大運數를 각 大運의 干支별로 구분해서 일일이 적어두면 보기엔 편하지만, 다소 번거로운 점이 있으므로 大運數는 한번만 표기해 두는 것이 간결합니다.

坤命,

甲 丁 甲 丁

辰 丑 辰 丑

十運,

庚 己 戊 丁 丙 乙

戌 酉 申 未 午 巳

陰曆 1996년 12월 28일 새벽 1시에 태어난 남자의 四柱를 세우는 것으로 연습을 마치겠습니다. 1996년은 丙子年인데 이 사람이 태어난 날은 立春日로부터 하루가 지났습니다. 따라서 太歲가 丁丑이고, 月建은 壬寅이 됩니다. 萬歲曆으로 日辰이 戊寅임을 알 수 있고 子時生이니 時辰은 壬子가 될 것입니다. 陰男陽女에 속하니 大運은 逆行해서 辛丑, 壬寅, 己亥로 진행될 것이고 過去節을 단 하루 지났으니 大運數는 三日로 나눌 필요도 없이 一이 됩니다. 이와 달리 三日씩 除한 다음에 一이나 二가 남는 수도 있는데 이때는 四捨五入으로 一은 버리고, 二는 一은 보탠 大運數를 적용합니다. 즉 未來節이나 過去節까지 生日 당일을 포함해서 十日이면 大運數가 三이 되고, 十一日이면 大運數가 四가 되는 식입니다. 男命, 丁丑生의 命式은 다음과 같이 세워집니다.

乾命,

壬 戊 壬 丁
子 寅 寅 丑

一運,

丙 丁 戊 己 庚 辛

申 酉 戌 亥 子 丑

大運은 歲月이 흘러감에 따라 十年 단위로 八字와 조화되어 吉凶禍福과 英枯盛衰를 나타냅니다. 한 사람이 겪어 지내 온 여러 가지 일을 포괄하는 길과 같다 해서 運程, 혹은 運路라고도 합니다. 一說에 命好不如運好라 해서 "八字 좋은 것이 大運 좋은 것만 못하다"라는 말이 있을 정도로 運의 흐름은 중요한 것입니다. 이 運은 한 마디로 氣候의 연장입니다. 까닭에 大運은 月建에서부터 시작하는 것입니다. 八字에서 특별히 중시하는 글자가 계절을 나타내는 月支라 했으니 大運의 地支, 즉

運支 또한 八字를 해석하는 데 있어 매우 중요한 요소입니다. 이는 萬物이 모두 春夏秋冬의 四時 변화에 따라 盛하고 衰하기 때문입니다.

근래의 萬歲曆은 陰陽曆의 표기나 節入時間은 물론 大運數에 이르기까지 한눈에 확인이 가능하도록 잘 정리되어 있으므로 지금까지 구절구절 설명한 내용에 얽매이지 않아도 四柱를 세우는 방법이 비교적 수월합니다. 최근에는 인터넷에 널린 萬歲曆 프로그램을 이용하여 生年月日時만 입력하면 순식간에 命式이 세워집니다. 비단 인터넷뿐만 아니라 PDA나 휴대 전화기에 이르기까지 萬歲曆 프로그램이 가동되므로 八字를 확인하는 것은 어렵지 않습니다. 다만 命理에 入門하는 학습자라면 마땅히 八字가 세워지는 原理를 알아야 하겠습니다.

八字學은 크게 古法과 新法으로 구분할 수 있는데 古法은

唐代(당대) 李虛中(이허중)의 看命法(간명법)으로 年主(년주)의 祿命(록명)이 기준이 된 것이고, 新法(신법)은 宋代(송대) 徐子平(서자평)이 日干(일간)을 위주로 해석 체계를 전환한 것입니다. 이제부터 독자들이 학습할 命理(명리)는 현재의 대세인 新法(신법)에 속하므로 따로 구분해서 子平學(자평학)이라 말하기도 합니다. 따라서 四柱(사주)에서 主體(주체)가 되는 日柱(일주)의 干支(간지)가 품고 있는 象形(상형)을 위주로 한 사람의 性精(성정) 내지 性向(성향) 일면을 고찰하는 방식이 있는데 이것을 日柱論(일주론)이라 합니다. 먼저 干支(간지)별로 각각의 글자가 담고 있는 字意(자의)와 體性(체성)을 헤아려보고, 다음으로 각 日柱(일주)의 특기할만한 내용을 六十甲子(육십갑자) 순으로 간추려 보겠습니다.

▶ 干支字意(간지자의)

十干(십간)에서 甲(갑)은 거북등과 같이 堅固(견고)하고 딱딱한 뜻을 품습니다.

甲 – 거북 등딱지

鉀 – 갑옷

胛 – 어깨뼈

閘 – 水門, 댐

甲 日干은 曲直之象, 껍질 속에 몸을 감춘 것과 같이 외곬적인 固執이 있습니다. 대개 고지식하고 보수적인 기질이 있고, 타인에게 害를 주지 않으며 活人之象으로 善良한 위인들이 많습니다. 棟樑之象, 靈龜洛書라 해서 책을 즐겨 읽는 한편 由가 거꾸로 된 형상으로 抑壓과 스트레스를 받는 경우가 있어 神經質的이기도 합니다. 養生之象, 특히 여자는 生活力이 강해 家權을 쥐고 가족을 扶養하기도 합니다.

乙(을)은 새의 모양과 같아 아이디어가 넘치고 活發(활발)합니다.

乙(을) – 새

圪(을) – 흙더미가 우뚝하다

乞(걸) – 빌다, 구하다

迄(흘) – 이르다, 도달하다

乙(을) 日干(일간)은 養生之象(양생지상)으로 비록 萌芽(맹아)와 같아 연약하지만 흙을 헤쳐내고 軋(알)의 고통을 수반하며 결국 싹을 틔우니 끈질긴 屬性(속성)을 지닌 사람들이 많습니다. 또한 秋收之象(추수지상)이 있어 현실에 안주하거나 滿足(만족)하지 않고, 새로운 가치를 추구하는 기상이 있습니다. 曲直之象(곡직지상)이 서려 남에게 간섭받는 것을 싫어하고, 더불어 어울리기를 좋아합니다. 이 글자를 두 개 합하면 卍(만)이 되어 바람이 들거나 宗敎(종교)에 깊이 몰두하기도 합니다.

丙(병)은 대략 밝고, 굳센 의미를 지녀 明郞(명랑)합니다.

丙 – 밝음, 굳세다

昞 – 빛나다

柄 – 자루, 권력

病 – 질병, 원망하다

丙 日干은 한 마디로 文明之象이 되어 문학, 예능, 예술에 대한 熱情을 갖기 쉽습니다. 제사에 희생물을 얹는 큰 齊床을 본 뜬 글자로 食道樂을 즐기며 대개 음식을 많이 먹는 편이고, 光彩之象이라 多才多能한 사람들이 많습니다. 얼추 天이 중심에 있어 天眞爛漫, 樂天的 기질을 갖습니다. 또한 炎上之象 숨김없이 바른 말을 잘하는데, 火氣가 지나치면 病이 되어 몸이 뻣뻣해지고 화사한 외견과 달리 내면에 愁心이 서리기도 합니다.

丁은 거두어 한곳으로 모으고, 가두는 習性을 반영합니다.

丁 - 고무래

釘 - 못

朾 - 치다, 두드리다

訂 - 바로 잡다, 머무르다

丁 日干은 곡식이나 사물을 그러모으는 기구의 모양으로 물질과 금전을 긁어모으는 成器之象의 才가 있습니다. 歡心을 사는 편이라 戀愛에 소질이 있고, 타인을 尊敬하면서도 제 자랑도 잘 하는 편입니다. 活人之象으로 헌신, 봉사정신이 있으며 破邪顯正을 실현하기도 합니다. 한편 지기 싫어해서 시샘이나 嫉妬하는 마음이 있고, 한번 마음이 틀어지면 회복이 잘 안 됩니다. 亭과 연유해서인지 遊興業과 관계하는 일도 더러 있습니다.

戊는 茂盛하고 忠實한 象인 한편 창과 같이 찌르는 毒氣를 품습니다.

戊(무) – 창, 우거지다
茂(무) – 가멸다, 풍족하다
我(아) – 나, 외고집
武(무) – 굳세다, 자만하다

戊(무) 日干(일간)은 자기중심적이고 利己的(이기적)이지만 따져보면 주체의식이 강한 것이기도 합니다. 信用(신용)이 있습니다. 社交(사교)적인 성향은 아닙니다. 取水之象(취수지상), 戊(무)는 矛(모)의 古字(고자)로 간혹 남을 비평하거나 아픈 곳에 상처 입히는 毒言(독언)을 퍼붓기도 합니다. 도끼의 날과 같이 銳利(예리)하고 直感(직감)과 이해력이 뛰어난 사람이 많습니다. 成(성)이 아직 되지 않은 모습이라 成功(성공)에 대한 욕망이 강하거나 혹은 稼穡之象(가색지상)으로 속세와 인연을 멀리하고 修行(수행)키도 합니다.

己(기)는 싫고 좋은 것이 분명한 潔癖(결벽)이 있으며 變身(변신)에 능합니다.

己 – 몸, 자기
記 – 기록하다
忌 – 꺼리다
配 – 짝짓다

己 日干은 과거의 일에 대한 또렷한 기억을 가지고 있는 특성이 있습니다. 養生之象으로 인내심과 慈愛心이 있으며 이것은 宗敎星을 뜻합니다. 본래 구불거리는 긴 끈의 모양을 본뜬 글자가 己인데 巳, 已, 乙의 모습과 흡사하여 變化無雙하고 환경에 적응하는 능력이 뛰어납니다. 配에서 酉가 없어진 셈이니 取金之象으로 배우자의 기력을 흡수하고 實速은 다 챙기며 속마음을 털어놓지 않습니다. 別居나 離婚을 경험하기 쉽습니다.

庚은 단단히 穀食이 익은 모양으로 堅剛한 기세입니다.

更 – 고치다

慷 – 강개하다
康 – 편안하다
剛 – 단단하다

庚 日干은 成器之象, 결단력이 있고 所信이 강해 결정한 바에 있어서는 좀체 번복, 修正이 없습니다. 肅殺之氣로 곡식을 收斂하는 마무리 과정을 거치면 새로운 환경이 시작되는 법이니 變革, 淨化의 洗水之象이 나타나 慷慨하여 萬人救活의 뜻을 펼치지만 龍頭蛇尾로 끝나기 쉽습니다. 棟樑之象으로 公私를 가리며 리더십이 있고 소속감과 희생정신이 있습니다. 庚은 康이 깨진 글자로 하체와 하복부에 결함이 발생할 수 있으며 獨善이 禍가 될 수 있습니다.

辛은 감수성이 銳敏한 듯해도 속으로는 뾰족하고 야무집니다.

辛 – 맵다

莘 – 길다, 많다

新 – 새롭다

幸 – 다행

辛 日干은 光彩之象으로 유행을 앞서가는 세련된 사람들이 많습니다. 일견 情에 좌우되는 듯 보여도 秋收之象이라, 이 사람은 매사를 처리할 때 정확하고 단호합니다. 한편 從革之象이 서려 자존심이 지나치게 강하거나, 외곬으로 시야가 좁아 自我陶醉에 빠져 눈총을 받거나 비난의 대상이 될 수 있습니다. 辛은 그 모양이 十字架를 지고 선 것과 같아 窮地에 몰리거나 辛苦한 삶을 경험하기도 합니다.

壬은 새로운 생명을 孕胎하는 創造의 뜻을 나타냅니다.

壬 – 간사하다, 크다

妊(임) – 임신하다
恁(임) – 생각하다
婬(음) – 음탕하다

壬日干(임일간)은 마음이 바다와 같이 넓고 모든 것을 받아들이나 그 속을 알 수 없고, 變質(변질)의 기운이 있습니다. 대충 總明(총명)을 타고나며 先見之明(선견지명)은 타의 추종을 불허합니다. 潤下之象(윤하지상)으로 博識(박식)하며 創案(창안)하여 새로운 지평을 엽니다. 取水之象(취수지상)으로 犯濫(범람)하면 타인에게 피해를 주기도 합니다. 壬(임)은 任(임)으로 국가의 중책을 맡아 수행하는 사람들이 많은데 士(사)가 갓을 비딱하게 쓴 꼴로 王(왕)이 될 수는 없습니다. 또 庭(정)이 깨진 글자라 倫理(윤리)를 범할 수 있으며, 千一(천일)로 破字(파자)되어 才談(재담)이 뛰어나 魅力(매력)과 인기가 있고 대개 講演(강연)을 잘합니다.

癸(계)는 冷溫(냉온)이 反復(반복)되는 象(상)으로 사람을 配慮(배려)합니다.

癸 – 월경
揆 – 헤아리다
湀 – 샘솟다
闋 – 마치다, 끝나다

癸 日干은 평소에 溫和하고 일순 냉정해 보이지만 폭발적인 기분이나 熱情을 품고 있습니다. 潤下之象으로 타인의 마음을 헤아리고 도와주려고 하며, 極에 달해 反하는 이치로 기쁨에 겨우면 눈물이 나고 슬픔이 깊으면 웃음이 터지는 경우가 종종 있습니다. 實行力은 강하지 않으나 社交性이 있어 활달한 기운을 보이기도 합니다. 癸는 마치 빙글빙글 돌리는 얼레와 같아 규칙적으로 반복되는 月經의 뜻을 지니며 卵子를 天癸라고도 합니다. 그래서 여성의 용모는 해바라기, 葵와 같이 대개 둥글고, 귀여운 美人들이 많으며 舞蹈會로 연상되기도 합니다.

十二支의 字形을 살펴보면,

子(자)는 亥(해)에서 나옴을 알 수 있는데 亥(해)를 자세히 보면 人(인)이 위 아래로 둘이니 처음에 아이의 양손이 없는 了(요)의 모양을 보이다가 차츰 형태를 갖추는 子(자)로 변합니다. 人(인) 둘을 겹치고 연결선을 그으면 田(전)의 형상이 나오는데 이것을 둘로 쪼개면 昨日(작일)과 翌日(익일)이 되니 子(자)는 그러한 시점의 天文(천문)을 의미합니다. 새끼, 仔(자)로 번식을 뜻하는 쥐에 비유할 정도니 日支(일지) 子(자)는 色情(색정)에 강하고 종종 執念(집념)을 불태우기도 합니다.

丑(축)은 子(자)의 形(형)이 겹쳐 日(일)을 만든 모습인데 아직 빛을 發(발)하지는 못하고 어둠 속에 쌓인 형상입니다. 즉 묶일, 扭(뉴)와 같이 소는 잡혀 길들여지니 외고집을 세워 타인과 충돌하기 쉬운 성향을 띠게 됩니다. 日支(일지) 丑(축)은 이성의 靈魂(영혼)을 뺏을 정도로 妖艷(요염)한 자태를 보이기도 합니다.

寅(인)은 亥(해)해서 子(자)로, 子(자)에서 丑(축)으로 진화하며 복잡한 形(형)을 지은 것인데 天井과 같은 형태로 여기에 온 누리 十方이 들었으니 日字도 완전히 짝을 지어 해가 떠오르는 모습입니다. 해가 하늘을 이고 地坪 위로 떠오르거나 햇살이 대지에 퍼지는 형상으로 볼 수 있습니다. 범이 곧잘 으르렁거리듯 부연하는 演의 속성이 있어 日支 寅은 곧잘 불평을 늘어놓습니다.

卯는 해가 동틀 때 門을 열어 놓은 모습으로 마치 반쪽으로 갈라진 睾丸이 연상되기도 합니다. 죽일, 劉는 卯金刀의 破字로 입술이 없이 입이 갈린 모양의 토끼를 食用으로 삼는 것인데, 토끼는 수컷이 희롱만 해도 孕胎하니 혹 淫亂할 수고, 이 글자는 양쪽으로 갈라진 모양새로 인해 日支 卯는 初婚이 깨지기 쉽습니다.

辰은 무명조개나 이무기를 뜻하는 蜃의 原字로 누에 비슷한 벌레를 본 뜬 글자이기도 하고, 새가 飛上하기 전 깃털을 모은

채 웅크리고 서 있는 모습과 같습니다. 삶과 직결된 농사, 農(농)에서는 氣候(기후)가 몹시 중요한데 비바람과 구름을 일으키는 용이 자연스럽게 연계됩니다. 日支(일지) 辰(진)은 機智(기지)가 풍부하며 變德(변덕)이 심하고, 타인을 얕잡아 보는 기질이 있습니다.

巳(사)는 햇살이 퍼져나가는 시간에 똬리를 틀고 있던 뱀이 기는 모습입니다. 잡을, 把(파)로 땅에 붙어 긁고 몸을 일으켜 가니 聰明(총명)하고, 발이 없어도 잘 달아나는 재주가 있습니다. 巳(사)는 풍선이나 비행기의 형상을 띠므로 日支(일지) 巳(사)는 객지생활이나 住居(주거)가 불안정한 경향이 있습니다.

午(오)는 한낮에 사람의 그림자가 드러난 모양입니다. 말은 牛(우)와 같이 생겼으나 뿔이 없어 午(오)가 된 것인데 대낮, 旿(오)에 해가 솟아올랐다가 떨어지는 象意(상의)로 陰陽相交(음양상교)하니 교차하는 뜻이 있습니다. 절굿공이, 杵(저)의 본디 글자로 위아래로 찌는 모습 역시 같은 의미인데 日支 午는 대개 활동력이 왕성하고 자연의 順理대로 살아가는 편입니다.

未는 해가 약간 기울어 午에 비해 陰의 기운인 그림자가 늘어지기 시작하는 모습이지만, 外形으로는 木이 겹겹이 茂盛한 형태로 아직은 그렇지 않다는 부정의 의미가 있습니다. 三命通會는 未를 味라 했고, 命理探原에서는 어둡다는 뜻의 昧로 언급한 바 日支 午는 음식 嗜好가 까다로운 편이고, 지식은 우월해도 현실 사정에는 밝지 않습니다.

申은, 해가 몸 앞으로 다가와서 그림자가 세로로 펴지는 象인데 그 모양은 번갯불에 착안한 것으로 이는 마치 귀신, 神과 같아 예사롭지 않은 의미를 갖습니다. 動物 중에 가장 사람을 닮은 것이 원숭이고, 그래서인지 日支 申은 놀라운 재주를 드러내는 사람들이 많습니다. 社交적인 반면에 利己적인 면모도 나타나는 복잡성이 있습니다.

酉(유)는 日沒(일몰)하여 해가 바다에 떨어지면서 하늘에 노을이 지는 모습인데 원래는 술, 酒(주)를 빚는 술 단지의 모양을 본뜬 象形(상형)입니다. 술과 함께 祭祀(제사)에 올릴 수 있는 고기는 토끼와 닭인데 卯酉(묘유)는 日月陰陽(일월음양)의 門(문)으로 淫亂(음란)하다는 말이 있습니다. 긋은 닭의 춤에서 유래한 것으로 닭은 神靈(신령)스러운 기운을 담아 日支(일지) 酉(유)는 偏頭痛(편두통)이 잦으며 꿈이 잘 맞습니다.

戌(술)은 밤이 되어 창, 戈(과)와 칼로 도둑을 지킨다는 뜻으로 日(일)의 形(형)은 망가지고 夕(석) 내지 月(월)의 모습으로 변형되는 과정입니다. 이로써 집을 지키는 개에 비유된 것이고 直觀(직관)이 뛰어납니다. 日支(일지) 戌(술)은 다소 가벼운 言動(언동)으로 다투기 쉬우며 謀略(모략)에 휘말리기 쉽습니다. 대개 自立(자립), 開拓(개척)하는 능력이 남다릅니다.

亥는 日이 夕에서 月로 변하면서 形을 지은 것으로 十이라는 天文이 열리기 전 소용돌이치는 기운을 담고 있는 모습니다. 이 글자는 원래 甲骨에서 사나운 멧돼지, 豕를 본뜬 것으로 이를 가둬 기른 게 豚입니다. 日支 亥는 대체로 食性이 좋아 衣祿이 따르는 편이며 多才多能합니다. 鬱憤이 쌓이면 괴성을 지르는 특징이 있습니다.

이외 十二支는 배속된 動物의 習性에 빗대어 해당 인물의 특징을 논하는 재료로 곧잘 회자되기도 하는데 보통 生年, '띠'와 生日 日支를 기준으로 참고하는 식입니다.

子는 밤에 일하므로 밝은 곳을 싫어하고, 어두운 곳을 좋아합니다. 夜勤, 光明忌, 暗室喜

丑은 느릿하게 걷고, 沈黙하며 근면하고 입은 항시 쉬지 않고 먹이를 되새김질하는데 주인에게 순종합니다. 體肥大, 行動

遲, 口不休 好食

寅은 위세가 당당하며 밤에 활동을 많이 하고, 닭이 울면 산중으로 들어갑니다. 夜耕夜行, 鷄鳴 空山隱居

卯는 밝고 따뜻한 곳으로 다니며 높은 곳으로 달리기를 좋아하고 과일이나 藥草를 즐겨 먹습니다. 通行陽地, 好高登走喜下行苦, 好食實草

辰은 잠수하고 하늘로 오르며 비와 구름을 좋아라고 변화가 무궁합니다. 大海大澤之像, 潛水飛天, 變化無窮

巳는 혀를 가볍게 놀리고 소리 없이 음식을 먹으며 夏秋에 氣가 강하여 性交를 오래하고 잘 때는 몸을 둥글게 감습니다. 舌輕, 無足能走曲, 無言食, 性交長時, 圓形眠

午(오)는 나가서 달리기를 좋아하고, 밤을 무서워하며 性交(성교)를 잘 합니다. 好競走(호경주), 夜行恐(야행공), 交尾特出(교미특출) 性器特大(성기특대), 在家愁心(재가수심)

未(미)는 순하지만 고집이 있고 풀은 가리지 않고 먹으며 성품은 가볍습니다. 前引不從(전인부종), 百草好食(백초호식), 輕薄(경박)

申(신)은 음식을 나누기를 싫어하고 재주가 뛰어나며 고독의 기운을 품습니다. 利己獨食(이기독식), 才藝出衆(재예출중), 好登高木(호등고목), 獨走往來(독주왕래)

酉(유)는 입이 뾰족하고 음식을 흩트리고 먹으며 交尾(교미) 시간이 짧고 동트는 시각을 알려줍니다. 外柔內毒(외유내독), 冠爪兼備(관조겸비), 性交短時(성교단시), 先見(선견)

戌(술)은 주인과 손님을 구분할 줄 알고, 집을 지키며 부끄러움을 모릅니다. 主客能知(주객능지), 家門守盜(가문수도), 狩獵能(수렵능), 好色不恥(호색불치)

亥(해)는 먹기를 좋아하고, 달고 쓴 것을 가리지 않으며 배가 고프면 소리를 지릅니다. 好食(호식), 不擇甘苦(불택감고), 飢食大聲(기식대성), 飽滿休息(포만휴식)

지금까지 얼추 字形(자형)과 字意(자의)에 근거해서

지금까지 字形(자형)과 字意(자의)로 干支(간지)를 살펴보았는데 이제 각 글자가 담고 있는 陰陽五行(음양오행)의 기운에 근거해서 자연계 사물의 형태로 구분하는 物象(물상)을 열거하겠습니다. 이 책의 처음부터 形象(형상)을 주로 다루는 이유는 그것이 모자란 것을 채우는 相補(상보)의 역할을 수행하기 때문인데, 즉 命理(명리)가 종국적으로 지향해야 할 開運(개운)에 직결되는 사안이라는 얘기입니다. 또한 八字術(팔자술)의 고급 단계에 이르면 한 사람의 因緣(인연)이나 職業(직업), 嗜好(기호) 등에 이르기까지 物象(물상)을 동원해서 直觀(직관)하기도 하므로 몹시 중요한 재료라 하겠습니다. 物象(물상)은 몇 종에 국한되지 않고 무한히 應用(응용)할 수 있으므로 독자들의 思索(사색)과 窮究(궁구)로 보다 선명하게 구현될 것입니다.

▶ 干支物象(간지물상)

甲(갑)	나무, 대들보, 목재, 가구, 씨앗, 고집, 돌진, 사장, 시초, 머리, 눈, 책임자
乙(을)	초목, 화초, 넝쿨나무, 조류, 소식, 이별, 바람, 실, 붓, 털. 그림, 전문가
丙(병)	태양, 하늘, 불, 열기, 화산, 엔진, 자동차, 전자, 가스, 에너지, 허세, 사치
丁(정)	달, 별, 전기, 건전지, 레이저, 통신, 전등, 광명, 눈빛, 봉사, 안내자, 수도자
戊(무)	지구, 대지, 부동산, 가옥, 건축, 제방, 창고, 토석, 온천, 화산, 용암, 댐

己(기)	논밭, 담, 성벽, 묘지, 모래, 자갈, 콘크리트, 레미콘, 도로, 기록. 법전. 중개자
庚(경)	철강, 철재, 금속, 기계, 방앗간, 재봉틀, 바위, 도끼, 폭력, 검경, 군인
辛(신)	구름, 이슬, 보석, 쇳물, 주방기구, 기계부속, 바늘, 세공, 미인, 전문가
壬(임)	생수, 바다. 호수, 눈, 비, 빙산, 유류, 주류, 유랑, 덕, 무법자
癸(계)	눈물, 가랑비, 샘물, 하수, 액체, 기름, 혈액, 소변, 전립선, 기쁨
子(자)	밤, 물, 바다, 강, 하천, 매립지, 얼음, 비, 바늘, 정자, 침, 자궁, 종양
丑(축)	논밭, 습지, 지하실, 굴, 터널, 묘지, 하수구, 화장실, 화장품, 우유, 잇몸
寅(인)	나무, 목재, 가구, 지물, 섬유, 의류, 화폐, 문구, 가옥, 버스, 얼굴
卯(묘)	초목, 화초, 어류, 곡물, 과일, 야채, 서책, 신문, 문서, 입술, 성기, 고환
辰(진)	녹용, 지렁이, 파충류, 진흙, 습지, 웅덩이, 댐, 물탱크, 실험실, 습진
巳(사)	달, 별, 전기, 자동차, 기차, 철로, 광선, 레이저, 방사선, 창자, 혈압

午(오)	해, 전자, 화약, 총포, 폭발, 엔진, 열기, 불, 눈, 심장, 신경
未(미)	토지, 도로, 마을, 주차장, 담, 전신주, 건축자재, 양지, 건토, 분말, 사찰
申(신)	금속, 기계, 정미소, 선박, 바퀴, 절단기, 가슴, 갈비뼈, 대장, 피부
酉(유)	종, 패물, 보석, 기계부품, 재단기, 금형, 낚시, 재봉틀, 직조기, 바늘, 불상
戌(술)	가옥, 부동산, 건축물, 창고, 돌산, 조토, 건축자재, 사찰, 묘지, 난방
亥(해)	바다, 하천, 우물, 약수, 배설물, 주류, 유류, 국물, 용수, 빙하, 빙과

이제 甲子(갑자)의 순서대로 字意(자의)와 物象(물상)를 위주로 한 日柱論(일주론)의 일면을 살펴보겠습니다. 八字學(팔자학)에서 日柱論(일주론)은 枝葉(지엽)에 불과하고 특히 미래사의 예측과 관련해서는 별다른 효용이 없으므로 대개 度外視(도외시)하는 편입니다. 그러나 최근에 科學(과학)으로 인정되는 추세를 보이는 여타의 인간 型(형) 분류에 비해서는 보다 稠密(조밀)한 논리 체계를 갖추고 있으며, 정확도 면에서 우월하므로 가치가 있

습니다. 또한 八字의 각 글자를 살피는 이론적 단서를 제시하고 있으므로 필수적인 학습 과정이라 할 수 있습니다. 즉 甲子에 따른 物象은 비단 日主에만 국한되는 것이 아니란 뜻입니다. 아직은 八字 전체를 아우르는 複式 판단을 펼칠만한 시점이 아니므로, 日柱 干支에 근거한 單式法에 준하여 推命 실제 현장에서 상대방의 공감을 살만할 단 한두 마디의 설명을 摘示하는 선에서 그치도록 하겠습니다. 日柱의 두 글자만 보고 꼭 짚어서 가리키는 技法은 八字를 신속하게 읽고 推理하는 면에서 적지 않은 효과를 낼 수 있으므로 내용을 이해하고 읽기를 반복하면 후에 通辯의 훌륭한 재료로 활용할 수 있습니다.

▶ 六甲物象

甲子

子水의 글자에는 甲木의 기운이 담겨 있지 않습니다. 그래서 뿌리가 없이 '물 위에 뜬 나무'와 같아 主居를 자주 옮기거나 부부의 인연이 바뀌는 등의 屈曲이 따를 가능성이 높습니다.

또 '帆船'이 연상되는 글자로 활동 무대가 넓은 편입니다. 한편으로 肝질환이나, '겨울나무'와 같아 추위를 많이 타고 冷病이나 風疾에 노출되기 쉽습니다. 그래서 여자의 경우 자연유산이나 생리불순 등의 현상을 겪기 쉬우며 産後風을 특히 조심해야 합니다. 또한 '큰 집안에 쥐떼가 모인 형태'로 이 사람은 배우고, 가르치는 일이 適性에 맞습니다.

乙丑(을축)

'진흙 속에서 피어난 연꽃'과 같은 모습이니 목적을 향한 상당한 인내심이 있습니다. 干支(간지)에서 乙(을), 己(기), 巳(사), 丑(축)과 같이 꺾어 쓰는 글자는 曲脚(곡각)이라 하는데 이것은 사고나 病(병)으로 인해 수족을 다치거나 神經痛(신경통) 등으로 고생하는 현상을 암시하기 때문에 자신이나 배우자의 신상에 手術數(수술수)를 피하기 어려움을 암시합니다. 丑(축)에는 辛金(신금)이라는 칼을 두었으니 이 사람이 검경 계나 군인, 외과의사, 정육점 등의 직업과 인연을 맺을 때가 많고 '소가 밭을 갈고 곡식이 나온' 상과 같아 初志一貫(초지일관)하여 끝내는 부자가 되고, 출세하는 경우가 많습니다.

丙寅(병인)

'나무에 햇볕이 드는 양상'이니 진취적인 기상이 있고 木火通(목화통)

明하여 학구열이 식지 않으며 명성을 얻기 쉽습니다. 丙이 寅을 보면 學堂貴人이라 해서 이 사람은 知性이 돋보이고, 교육자로 진로를 정하면 특히 吉합니다. 이 사람은 먼 곳에 스승을 두고 열심히 오가는 편입니다. 얼핏 '성이 난 범'으로 비칠 만큼 명예욕이 많고 겉으로는 강한 手腕家 형이지만, 안으로는 동정심이 많고 종종 침착성을 잃어 경솔한 언행으로 손해를 볼 때가 있습니다. 高血壓이나 울화병을 주의할 필요가 있습니다.

丁卯

'달 속 토끼'로 가깝고 정겨운 이미지입니다. 이 사람은 인정이 많고 明晳하지만, 한편으로는 嫉妬가 심한 다변적인 성품을 지닌 경우가 많습니다. 분주하고 변화가 많지만 대개 지구력이 강하지 않으므로 龍頭蛇尾의 결과를 보기 쉽습니다. 參謀가 제격이고 自成一家는 어렵습니다. 어떤 옷을 입어도 잘 어울리는

멋과 센스를 타고나며, 色情(색정)이 강해 여러 異性(이성)과 교제하지만 끝내는 헤어져 혼자로 남을 때가 많습니다. 泌尿器(비뇨기) 계통이나 특히 眼疾(안질)에 유의해야 합니다. 눈에 이상이 생기면 心臟(심장)과 마음에 병이 듭니다.

戊辰(무진)

'太山(태산) 속의 진흙'이니 근심과 비밀, 원망의 기운이 서려있습니다. 때로 怒氣(노기)를 드러내고 초조해하거나 不安感(불안감)을 지니고 있을 때가 많습니다. 겉으로는 '헐벗은 산'의 모습이므로 때를 기다려야 하고 고통과 試鍊(시련)을 거친 다음에는 '높은 건축물'의 상이 되어 당당해지고 위세가 등등해집니다. 이 사람은 대략 우직하고 固執(고집)이 있으며 信用(신용)이 있습니다. 甲辰(갑진), 乙未(을미), 丙戌(병술), 丁丑(정축), 戊辰(무진), 壬戌(임술), 癸丑(계축) 이상의 일곱 干支(간지)는 白虎(백호)라 해서 六親(육친)의 血光之死(혈광지사)를 언급할 만큼 흉포한 의미를 담고 있는데 夫妻宮(부처궁)에

厄(액)이 닥칠 공산이 큽니다.

己巳(기사)

'뱀이 기어가다 머리를 세운 모습'이라 활동력 면에서 탁월합니다. 丁巳(정사)와 己巳(기사), 癸亥(계해)는 비록 겉으로는 陰(음)이나 내성이 陽旺(양왕)하여 陰刃(음인)이라 하는데 固執太强(고집태강), 不撓不屈(불요불굴)의 의지를 갖고 확신에 차있는 사람들이 많습니다. 그래서인지 종종 獨善(독선)으로 흘러 약점이 되기도 합니다. '黃蛇(황사)'는 조화가 비상하고, 항시 분주다사하며 변신에 능합니다. 옛말에 乙巳(을사), 乙未(을미), 己巳(기사)가 있으면 身病(신병)을 앓는다고 했으니 건강을 유지하기가 어렵습니다. 不義(불의)와 타협하는 속성이 내재되어 있으므로 刑厄(형액)이 침범할 우려가 깊습니다.

庚午(경오)

'白馬(백마)'는 순수와 고귀함의 상징인데 俗塵(속진)에서는 원대한 이상이 잘 통하지 않습니다. 대개 개방적이고 外向的(외향적)이라 바깥에서는 인정을 받지만, 가정은 등한시하는 특징이 있습니다. '말이 서쪽 하늘을 바라보는 모습'이라 이 사람은 한가한 중에 엉뚱한 생각을 곧잘 하는 편입니다. 午馬(오마)의 字意(자의)대로 이 사람은 활동적이고 여행과 酒色(주색)을 즐기는 경향이 짙습니다. 한편 '빛 좋은 개살구'와 같아 虛勢(허세)를 부리거나 虛榮(허영)에 들뜨기 쉽고, 배우자와는 코드가 잘 맞지 않습니다. 午火(오화) 불침은 下血(하혈)을 암시합니다.

辛未(신미)

'해질 무렵의 양'이니 적적한 기운이 감돌고 六親(육친)이 疏遠(소원)하기 쉽습니다. '밭에 서있는 허수아비'의 모습과 같아 대체로 淳朴하고 겸손하며 남의 말을 잘 믿는데 한번 마음이 틀어지면 끝까지 풀리지 않는 굳게 버티는 성미가 있습니다. 甲申, 甲午, 辛卯, 辛未는 글자의 모양이 예리한 침과 같아 이를 懸針이라 해서 정밀한 작업이나 書藝 등에 소질을 보일 때가 많습니다. 여자는 혹 情夫를 두는 수가 있고 음식 솜씨가 뛰어난데 특히 글자에서 연상되는 모습대로 炙, 꼬치나 튀김 요리를 잘 만듭니다.

壬申

'물이 샘솟는 바위'의 모습으로 '鑛泉'이니 언변이 능숙하고 설득력이 뛰어나 교육, 의약, 宗敎 계통에서 크게 두각을 드러낼 수 있습니다. 原流가 풍후하니 오랜 가뭄에도 마르지 않아

餘力을 지니고 어떤 환경에도 잘 적응하며 활발하고 포용력이 있습니다. 그러므로 자연 만인의 신망을 얻게 됩니다. 活人의 기운이 서려 他鄕에서 해외에서 활동하고 得名하는 경우가 많으며 이 사람은 人情이 넘치는 가운데 속으로는 냉담한 기운을 품고 있습니다. 外華內困으로 겉으로는 드러나지 않는 내면의 苦가 있습니다.

癸酉

'술을 담은 항아리'는 色情으로 인한 곤란을 예고하고, '닭이 비에 젖은 모습'은 腎臟에 병이 들면 치유가 어렵다는 점을 암시하는 것입니다. 이 사람은 대개 깔끔하고 美貌를 지녔으며 영리하고 암기력이 뛰어납니다. 때론 결백한 성품이 孤立을 자초하기도 합니다. '산사의 샘터나 계곡'의 형태를 띠고 있어 孤

寂(적)한 기운이 감돌며 이상향을 꿈꾸기도 합니다. 乙丑(을축)과 癸酉(계유)는 金神(금신)을 내포하여 세운 뜻을 끝까지 밀고 나가는 저력이 있는 한편 手術數(수술수)가 있습니다. 여자는 婦人病(부인병)을 경험하게 됩니다.

甲戌(갑술)

'禿山(독산)의 枯木(고목)'이니 이 사람은 홀로 우뚝 서서 지도자의 기상을 나타내고, '창고에 목재를 쌓는' 모습으로 理財(이재)에 밝으니 實業(실업)을 일으켜 예사롭지 않은 성취를 보게 됩니다. 그러나 '秋木(추목)'의 잎이 떨어지는 것은 자연스러운 이치라 獨斷(독단)으로 처리한 일이 낭패를 보기 쉽습니다. 그래서 信仰(신앙)을 가지고 修養(수양)을 쌓는 노력을 하게 됩니다. 戌中(술중)에 辛金(신금)이 있어 鐵鎖開金(철쇄개금)이라 하는데 이것은 言中有骨(언중유골)인 동시에 의약계나 活人業(활인업)과 인연이 많습니다. 甲(갑)과 辛(신)의 懸針(현침)이 있어 여성은 유산, 낙태 등의 産厄(산액)을 피하기 어렵습니다.

乙亥(을해)

'바다 위를 떠다니는 나무 조각'의 모습으로 外國(외국) 생활을 하기도 하며, 移民(이민)을 가는 경우도 더러 있습니다. 화초가 흙을 보지 못하니 종내 '뿌리가 섞어 나무가 죽는' 형상이므로 대개 분주한 삶을 살아갑니다만 일정한 거처를 마련하지 못하고 떠돌기 쉽습니다. '水耕(수경) 채소'와 같이 인성은 담백하고 情(정)이 많으나 空房數(공방수)가 있습니다. 八字(팔자)에 戌(술)과 亥(해)가 있으면 天門(천문)이라 해서 哲學(철학)에 관심을 두고 소질을 보일 때가 많은데 이 사람은 사물에 대해 예민하고 머리에 번득이는 神妙(신묘)한 생각이 있습니다.

丙子

'햇빛이 호수를 비추는 격'으로 和暢한 기색으로 밝고 明朗한 사람들이 많습니다. 그러나 外陽內陰이라 속으로는 시름이 있습니다. 丁亥와 丙子는 陰陽의 表裏 관계로 일종의 靈的 파워가 서리는데 스스로 마음을 다스릴 줄 알고, 性急하며 날카로우나 뒤끝은 없습니다. '母胎에서 아이가 자라나는' 모양으로 계획과 준비하는 단계를 넘어 成就하기는 어렵습니다. 보통 華麗한 장식품과 보석류를 좋아해서 고가의 사치품도 망설이지 않고 구매하는 편입니다. 이상과 자존심이 높은 반면 諦念도 빠른 특징이 있습니다.

丁丑(정축)

'한낮의 소'는 평생 일복이 많으므로 놀고먹을 八字(팔자)는 아닙니다. 천성이 '火爐(화로)'와 같아 器物(기물)을 만들어 내니 예술적인 재능이 있고, 또한 '燈盞(등잔)'이니 불을 밝혀 누구에게나 사랑받고 존경받기를 희망합니다. 이 사람은 敏感(민감)하고 直感(직감)으로 느끼며 인기를 독점하려는 질투심과 자존심이 남다릅니다. '땅으로 빛을 흡수'하니 한없는 욕심에 원 없이 재물을 戲弄(희롱)해보기도 합니다. 白虎(백호)의 글자로 평소에는 인정도 많고 사리가 분명하다가도, 화가 나면 시비를 가리지 못하고 過激(과격)한 기질이 드러납니다.

戊寅(무인)

'산 호랑이'의 용맹은 자신의 힘을 믿고 誇示(과시)하는 양상으로 나타나기 쉽습니다. 대체로 신상에 변동, 변화가 심한 편으로 遠行(원행)하는 일이 잦으며 이로 인한 空房數(공방수)는 필연적입니다. 욕심이 많고 개척심이 강하며 官祿(관록)이 두텁고 만인의 지도자로 부상하는 사람들이 많습니다. 글자에 陰氣(음기)가 전혀 없어 '산에 비가 오지 않는 형상'이라 한번 꺾이면 걷잡을 수 없이 허물어지는 수가 있고, 배우자와 不和(불화)를 면키 어려우며 자칫 女難(여난)을 겪을 수 있습니다. 여성은 강제로 婚姻(혼인)하게 되거나 因夫呻吟(인부신음)하는 일이 있습니다.

己卯(기묘)

'들판의 토끼'는 敏捷(민첩)하고 분방한 기질이 나타납니다. 甲子(갑자), 甲午(갑오), 己卯(기묘), 己酉(기유)는 進神(진신)이라 해서 예속되기를 거부하니 자기가 하고 싶은 대로 행동하기 쉽고 流浪(유랑)하는 때가 있습니다. 曲脚(곡각)과 懸針(현침)이 겹쳤으니 타인을 위해 積德(적덕)해야 身厄(신액)을 면하는데 권력계통이나 의약업, 活人 분야에 종사하는 사람들이 적지 않습니다. 命格이 낮으면 眼下無人으로 법보다 주먹이 가까운 사람이 될 수도 있습니다. 대개 妻宮에 근심이 서리므로 병약한 아내나 惡妻를 두는 수가 있으며 여성도 再嫁할 가능성이 높습니다. 胃病을 조심해야 합니다.

庚辰

'두 개의 별'로 經에 이르길 辰과 戌은 天河의 罡과 魁로 庚辰, 庚戌, 戊戌, 壬辰은 魁罡이 되어 위인이 총명하고, 여자의 容色은 아름다우며 거침없이 發福한다 했습니다. 그러나 魁罡은 陰陽이 절멸하는 곳이라 한번 실패하게 되면 마치 '매장된 鐵鑛'과 같아 再起不能이 되기 쉽고 夫婦가 참다운 화합을 이루기는 어렵습니다. 이 사람은 눈치와 재치가 있어 사물의 처리가 빠르고, 바로 인정을 받지만 쉽게 좌절하는 일이 나타나므로 運(운)이 하강하면 걷잡을 수 없이 내리막을 타기도 합니다. 六親(육친)과 別巨(별거) 내지 離別(이별)하기 쉽습니다.

辛巳(신사)

'금이 불에 녹아 물이 되는 형상'이니 겉으로는 剛氣(강기)가 나타나도 실제로는 상당히 여린 구석이 있습니다. 이렇게 金氣(금기)가 奪氣(탈기)되면 肺結核(폐결핵)이나 호흡기, 허리, 치아 등에 통증이 나타날 우려가 있습니다. 丙子(병자), 丁亥(정해), 辛巳(신사)는 水火(수화)가 相照(상조)하므로 天祿(천록)이라 했으니 많은 사람의 도움과 신뢰를 받아 행복하다고 했습니다. '白蛇(백사)'는 靈物(영물)로 사물을 보는 눈이 冷撤(냉철)하고 높은 이상을 품지만 속으로는 엉큼한 기질이 있고 '머리가 찍힌 뱀의 형상'이라 權力(권력)을 행사하지 않으면 官災(관재)를 당할 수 있습니다.

壬午(임오)

'호수에 잠긴 달빛'이라 多情多感(다정다감)하며 祿馬同鄕(록마동향)으로 일생을 통해 노력 이외의 福祿(복록)과 幸運(행운)이 따르는 편입니다. '어둠과 밝음이 혼재된 상'이니 비밀과 능청스러운 면모를 지니게 되는데 이 사람은 好色(호색)하여 간혹 風波(풍파)를 겪어도 夫婦(부부)는 吉緣(길연)으로 아름다운 배우자를 사랑해서 이별하는 경우는 드뭅니다. 만약 酒色(주색)으로 인해 敗家亡身(패가망신)에 이르는 수라면 필시 痲藥類(마약류)에도 손을 대기 십상입니다. '黑馬(흑마)'는 심신이 분주한 가운데서도 안락함을 희구하며 물과 연관이 깊은 業種(업종)에 종사하는 사람들도 적지 않습니다.

癸未(계미)

'田畓(전답)에 비가 내린 격'이니 食祿(식록)이 足(족)하고 일을 시작하기만 하면 뒷일이 잘 풀리고 소기의 성과를 내는 장점이 있습니다. 그러나 망설이거나 추진력이 부족할 때가 많으므로 일말의 中斷數(중단수)가 있습니다. 이것은 나름의 특별한 固執(고집)이 變德(변덕)으로 작용하기 때문인데 輕擧亡動(경거망동)을 경계해야 합니다. '비를 맞는 양의 형상'은 마치 多情(다정)이 病(병)이 되는 것과 같아 배우자와 의기투합이 잘 되지 않으며 차라리 空房(공방)이 편할 정도입니다. 六親(육친)과 疏遠(소원)해지는 경향이 있고 여성은 妾(첩)이나 後妻(후처)가 되기 쉽습니다.

甲申(갑신)

'나무를 타는 원숭이'는 多才多能(다재다능)을 암시하고 謀事(모사)를 즐기므로 조화가 무궁한 가운데 人因成事의 보람을 만끽합니다. 반면 나무에서 떨어지는 수가 있으니 人因失敗를 경험하기도 하는데 '나무를 쇳조각으로 깎아내는 모습'이라 이것은 人格을 다듬는 형상이고 성공의 비결은 忍耐에 있습니다. 金木이 相爭하니 頭痛 내지 肝이나 척추 계통에 疾患의 우려가 있습니다. 夫婦가 다투는 기상이니 남자는 惡妻로 고심하고 傾聽內語 외에는 뾰족한 수가 없으며 여성 또한 뜻을 굽히지 않으므로 남편의 학대에도 順應하는 법이 없습니다.

乙酉

'바위틈을 뚫고 자라는 花草'는 언뜻 가냘프게 보이지만 속으로는 대단히 날카롭고 끈질기며 냉혹한 기질을 품고 있습니다. 외견은 부드럽게 보기에 좋아 美貌를 지니며 내면은 金氣를 띠어 권위적입니다. 대체로 義理가 있으며 한번 결심하면 매진하는 속성이 있습니다. 偏頭痛을 앓기 쉽고 肝, 脾臟 등이 약하며 齒牙도 부실해지기 쉬운데 몸에 큰 수술자국이나 흉터가 있으면 이른바 액땜을 한 셈입니다. '利剪摧花'의 모습은 坐不安席의 심경이 되기 쉬움을 암시하고, '곡물과 닭'은 靈氣를 띠므로 宗教界 등의 活人業과 인연을 맺게 됩니다.

丙戌

'日落西山'에 白虎가 겹치니 본인이나 배우자의 신상에 橫來之厄이 우려되고 여성은 자식 하나 不具를 면하기 어렵습니다. '개가 짖기 시작하는 때'이니 책임감이 강하고, 喜怒愛樂의 감정 표출이 선명하며 기복이 있는데 극단적인 기질이 있어 소위 毒種이라는 말을 듣기도 합니다. 武骨好人 형이나 일점 水氣가 없어 偏枯(편고)하니 外華內虛(외화내허)의 상이라 할 수 있습니다. '태양이 서산에 갇힌 상'이니 스스로 좋은 인연을 물리치고 孤獨(고독)한 길을 택하며 하는 일에 막힘에 많음을 실감하고 열심히 祈禱(기도)하는 사람이 많습니다.

丁亥(정해)

'明月(명월)에 호수가 빛나는 격'이니 사람의 마음을 읽어내는 明哲(명철)한 이성을 지녀 法曹界(법조계)에 종사하는 인물들이 적지 않습니다. 이것은 火鄕(화향)의 朱雀(주작)은 言辯(언변)에 능하고, '어둠을 밝히는 달빛'의 모습과 日支(일지)에 貴人(귀인)을 보았기 때문입니다. 丁酉(정유), 丁亥(정해), 癸巳(계사), 癸卯(계묘)는 日貴(일귀)라 하여 사람됨이 순수하고 용모가 단정하며 傲慢(오만)하지 않아 福祿(복록)과 배우자의 德(덕)이 두텁습니다. 여성은 자태가 아름다우며 仔詳(자상)하고 간혹 애정문제로 인해 근심이 서리기도 합니다. 심하면 疑夫症(의부증)에 이르기도 하는데 만약 자신이 外道(외도)하게 되면 막을 길이 없습니다.

戊子(무자)

'흙과 물이 배합되어 合作(합작)'된 物象(물상)으로 보수적인 성향을 띠며 天地合德(천지합덕)하니 위인이 총명하고 財福(재복)이 있어 가정은 安泰(안태)한 기상입니다. 子水(자수)로 앉은 자리가 추우니 항상 午火(오화)의 따뜻한 기운을 희구하는데 이것은 母情(모정)을 애타게 그리는 현상으로 나타날 때가 많습니다. 일견 頑固(완고)한 듯해도 迫力(박력)은 약하므로 巨富(거부)를 이루기는 어렵습니다. 美人(미인)이 잘 따르고 手腕(수완)이 좋습니다. 여자는 八方美人(팔방미인)에 賢母良妻(현모양처) 감이지만 戊子(무자)를 無子(무자)라 할 정도로 자식과의 인연은 엷어 他子養育(타자양육)하는 경우도 있으며 대개 눈물이 많습니다.

己丑(기축)

'논밭을 가는 소'는 일꾼입니다. 活動(활동)을 쉬지 않고 勤勉(근면)하여 평생 窮乏(궁핍)을 경험하는 일이 드뭅니다. 심지가 강직하여 홀로 獨行(독행)하는 성질이 있으며 陰氣(음기)가 강해 인정이 후합니다. 陰土(음토)는 인품에 고지식한 면이 있는 가운데 뒤는 무른 특성이 있고 母性(모성)을 상징하여 宗敎(종교), 信仰(신앙)에 관심을 기울입니다. 曲脚(곡각)으로 手足(수족)에 이상이 나타나기 쉬우며 神經系(신경계)의 질환을 유의해야 합니다. 濕土(습토)를 일구면 자연 肥濕(비습)해지므로 여성은 性交(성교)시에 우는 현상이 나타나고 干與支同(간여지동)으로 空房數(공방수)가 있습니다.

庚寅(경인)

'白虎(백호)'는 활발, 剛直(강직)하며 경쟁에서 지는 것을 싫어하고 獨步(독보)

하므로 利己心(이기심)과 獨善(독선)으로 인해 진실한 紐帶(유대) 관계는 잘 이루어지지 않습니다. '새벽의 별'은 곧 빛을 잃게 되므로 용기와 위세가 지나치면 실패를 自招(자초)하게 되고 변화가 잦으며 波瀾(파란)을 예고합니다. 海外(해외) 出入(출입)이나 移徙(이사)하는 일이 많으며 이 사람은 대략 영리하고 數理(수리)에 밝습니다. 戊戌(무술)과 庚寅(경인)은 雷公打腦關(뇌공타뇌관)이라 해서 자칫 '칼 맞은 범'이 될 수 있으니 교통사고나 벼락, 전기, 가스, 火災(화재) 등으로 인한 禍厄(화액)을 조심해야 합니다.

辛卯(신묘)

'白兎(백토)'는 의혹이 심하고 조심성이 지나치게 많아 스스로 不便(불편)해지기 쉬우나 淡白(담백)하므로 재물은 착실히 모으는 편입니다. 자칫 욕심을 품으면 침착성을 잃어 '낫에 베인 풀'처럼 中斷數(중단수)가 있어 일의 진행에 차질을 빚고 학업이 지속되기 어렵습니다. 天(천)

地不合하는 상이라 風波가 있다는 뜻입니다. 懸針은 活人하고 積德해야 자신과 六親의 신상에 닥칠 禍厄을 면하게 됩니다. 이 사람은 대개 技術에 소질이 있으므로 의사나 기술자, 생산직 등에서 성공하고 인정을 받을 수 있습니다. 여성은 夫君作妾으로 인해 마음고생을 하는 수가 있습니다.

壬辰

'水龍'은 變化無雙하여 재주가 넘치고 速戰速決하는 쾌거를 이루지만 물을 벗어나 하늘로 오르지 못하므로 成業이 오래가지 않습니다. 속단하여 일을 크게 벌이면 후회하는 일이 많습니다. 이 사람은 대개 인내심과 자신감이 강하고 리더십이 있지만 魁罡으로 獨善其身하는 바 화합하지 못해 外華內困이 되기 십상입니다. 妻德은 보나 妻宮은 부실하여 偕老하기는 쉽지 않고

坤命은 원래가 寡婦之傷으로 孤獨을 실감하게 됩니다. '캄캄한 밤의 용'이니 八字에 태양, 丙火를 보아야 광명이 있습니다.

癸巳

'겨울의 太陽'은 貴한 것입니다. '밤하늘에 빛'이 나니 잘못을 알면 즉시 고치고 연구하여 矯正하는 성미가 있습니다. 바쁘고 일이 많은 가운데 財가 있고 권위와 명예에 대한 貪心이 강하여 권력을 지향하는 속성이 있습니다. 陰陽이 조화되어 이해심이 깊으면서도 水火가 交戰하여 조급하고 變德이 있습니다. 天性은 貴人을 놓아 순수하고 總明하며 妻德이 두터우며 祿馬同鄕으로 이것은 대개 人命의 至福을 상징하는 것입니다. 여성도 또한 왕성한 사회적 활동을 하며 官貪하여 이성으로 인한 煩悶을 겪기도 합니다.

甲午(갑오)

'焚木(분목)'으로 '나무가 불볕에 말라죽는 모습'이니 인내심이 부족하고 폭발적인 성향을 드러낼 때가 있습니다. 甲午(갑오)와 壬子(임자)는 紅艶(홍염)이라 해서 대개 美貌(미모)와 센스를 타고 나며 이성으로부터 인기가 많고 자칫 外情(외정)이 두려운 지경에 이르기도 합니다. 懸針(현침)으로 六親宮(육친궁)에 비애를 암시하며 多情(다정)이 病(병)이라, 내 것을 주고도 좋은 소리를 듣지 못할 때가 종종 있습니다. 甲午(갑오)와 庚子(경자)는 傷官死宮(상관사궁)으로 이 사람은 외견이 孤高(고고)하고 도도하며 女命(여명)에 남편을 추방한다는 뜻이 담겨 있어 심할 경우 喪夫(상부)하게 되고 獨守空房(독수공방)을 면키 어렵습니다.

乙未

'갈대밭'을 연상케 하는 이 글자는 一貫性이 부족함을 암시하여 생각과 결과가 같지 않을 때가 많습니다. 또한 '사막의 선인장'과 같아 삶에 苦生이 따르는 불우함이 있습니다. 乙巳와 乙未, 그리고 己巳는 따로 身病이라 하여 늘 몸이 아픈 현상을 겪기 쉽습니다. 이 사람은 대개 理財에 밝아 '대지위의 草木'과 같이 自手成家하게 됩니다. 水氣가 없어 일찍 흰머리가 생기거나 혹 목이 타는 咽喉病으로 고생하는 수가 있습니다. 日柱 白虎는 夫妻宮에 憂患을 예고하니 종내 男鰥女寡의 孤를 실감하게 됩니다.

丙申(병신)

'夕陽(석양)에 노을이 지는 모습'이니 變(변)하기를 잘 하고 호화롭고 화려한 것을 좋아하며 美食(미식)을 즐깁니다. 이 사람은 自慢(자만)하여 뽐내는 기질이 있고 때때로 신경질적이 되기도 하지만 사색적이고 여간해서 속내를 드러내지 않는 예의가 있습니다. 義理(의리)가 있고 동정심이 많습니다. '불이 쇠를 녹여 器物(기물)을 만드는 형상'이니 才能(재능)이 많아 오히려 한곳에 집중하거나, 安住(안주)하지 못하는 불안정한 상황을 연출하기 쉽습니다. 模倣(모방)에는 일가견이 있습니다. 乾命(건명)은 總角得子(총각득자) 혹은 外房(외방)에 자식을 두기도 하며 여성은 대개 內助(내조)가 훌륭합니다.

丁酉(정유)

'明月(명월)'이라, 日貴(일귀)니 마음이 순진하고 천진스러워 好感(호감)을 하게 됩니다. '달밤의 닭'은 銳利(예리)하고 민첩합니다. 한 마디로 好命(호명)이 되기 쉬우며 어려움을 당했을 때 항상 주위로부터 도움을 받게 되고 금전에 구애를 받는 일이 별로 없습니다. 이 사람이 亥時(해시)에 태어나면 夜貴(야귀)라 해서 明月之象(명월지상)을 이루니 美貌(미모)와 길함이 배가됩니다. 丁火(정화)는 부드러우나, 酉金(유금)은 날카로우니 내심 一刀兩斷(일도양단)하는 속성도 있습니다. 좋은 배우자를 맞이하는 암시가 있어 夫婦(부부)의 인연을 보통 吉緣(길연)이라 할 수 있습니다.

戊戌(무술)

魁罡(괴강)이고 '높은 산'이니 天門(천문)이 들어 높은 차원에서 생각하고 일면 俗世를 떠나려는 성향을 비칠 때가 있습니다. 이 사람은 대개 頑固하며 책임 의식이 강하고, 행동이나 마음의 시비가 분명합니다. 字象으로 창, 戈의 글자가 두 개로 겹치므로 戈殺이라 하는데 戊戌이 日時에 있으면 몸에 큰 흉터를 지니게 된다는 암시가 있어 重傷이나 重病 등으로 인한 手術을 받을 때가 있습니다. '개에게 물리고 몸이 칼이 들어오는 모습'이니 活人으로 厄을 면해야 하고 그래서인지 가정보다 宗敎에 더 관심을 기울이는 사람들이 많습니다.

己亥

'肥濕한 土壤'은 일견 明朗해도 속으로는 小心하고 사람을 기피하는 우울증을 나타날 때가 있습니다. 하는 일이 신통하지 않으면 스스로 作破하는 충동적인 기질도 있는데 '陀泥帶水'와 같은 불안한 구조이기 때문입니다. '몸이 그물, 亥網(해망)에 묶인 형상'으로 刑厄數(형액수)가 있으며 배우자의 不貞(부정)을 보게 되고 여성의 경우 배우자가 刑(형)을 당한다는 암시가 강합니다. 이 사람은 대체로 財福(재복)은 따르는 편으로 돈을 잘 쓰는 편입니다. 사상이 건전하나 내심 비밀이 있는 편이고 旅行(여행)을 좋아합니다.

庚子(경자)

'沈金(침금)'은 쓸모가 없어진 상황을 의미합니다. 그래서 이 사람은 外華內貧(외화내빈)하기 쉽고 겉은 견고하고 화려할지언정 내면은 늘 孤獨(고독)한 기운이 감돌게 됩니다. 쥐가 穀倉(곡창)이 아닌 계곡에 있으니 有示無終(유시무종)의 결과를 보기 쉽습니다. 싫증이나 권태를 빨리 느끼는 형으로 雷逢雷別(뇌봉뇌별)할 정도니 후할 때는 한없이 후하나, 인색할 때는 더없이 인색하게 굽니다. 이 사람은 是非(시비)를 가리는 예리한 비판력을 지녔으며 義理(의리)와 淸白(청백)한 면에 있어서는 높이 살만합니다. 下剋上(하극상)의 기질이 있으며 耳薄(이박)으로 情(정)이 많아 보증 등으로 손해를 볼 때가 있습니다.

辛丑(신축)

丑(축)에는 辛金(신금)이 내장되어 이 글자는 雙辛(쌍신)이 되는 것이니 마치 ‘소뿔’과 같아 누군가가 자존심을 건들거나 해치려하면 몹시 憤慨(분개)하고 복수를 벼릅니다. ‘철근으로 촘촘히 짜여진 모습’은 信用(신용)이 있고 勤勉(근면)하여 어려운 일도 반드시 극복해내는 남다른 根氣(근기)를 의미합니다. 曲脚(곡각)과 懸針(현침)이 겹쳐 배우자궁에 근심이 서리고 여성은 몇 차례의 落胎(낙태)를 경험하게 됩니다. 이 사람은 黑白(흑백)이 분명하고 특유의 我執(아집)이 있어 때때로 悲觀(비관)할 때가 있는데 대개 六親(육친)이 건전하지 못한 환경에서 성장하면서 나타난 氣質(기질)

이라 할 수 있습니다.

壬寅

'물가에 나타난 호랑이'는 水氣가 流動하여 지혜와 靈感이 뛰어납니다. 戊申, 己酉, 壬寅, 癸亥는 天廚라 해서 평생 衣食이 풍부합니다. 사람이 많이 따르고, 人情이 있습니다. 妻德이 두터우나 女命은 夫宮에 愁心이 있습니다. '밤의 호랑이'는 간혹 얕은꾀를 써서 자신의 이익만을 챙기려는 태도를 보일 때가 있습니다. 대체로 이 사람은 큰일을 만나도 泰然自若하며, 부지런해서 여성도 家長 역할을 하기 쉽습니다. 老郎 아니면 幼郎과 인연을 맺기 쉬운데 감정의 잦은 기복으로 憂鬱할 때가 많습니다. 음식 솜씨는 六甲 중에 선두를 다툽니다.

癸卯(계묘)

'草木(초목)이 물을 만난 격'이니 運氣(운기)가 和暢(화창)합니다. 산과 들에 풀이 자라니 토끼에게 衣食(의식)이 풍족해지는 것과 같습니다. 이 사람은 怜悧(영리)하고 재주가 있으며 傲氣(오기)를 찾아볼 수 없고 天廚(천주)로 인심이 두텁습니다. 드물게 예리한 陰氣(음기)가 발동하면 사납게 돌변하는 수가 있습니다. 사물의 理致(이치)를 빨리 깨닫고 創意力(창의력)이 풍부하여 妙技百出(묘기백출)합니다. 妻德(처덕)이 있어 아름다운 良妻(양처)와 인연을 맺으나 偕老(해로)하기는 쉽지 않습니다. 여성은 日貴(일귀)로 누구나 좋아하는 인상에 호감을 사는 형이 많습니다. 다만 産後風(산후풍)이나 子息宮(자식궁)에 근심이 나타날 수 있습니다.

甲辰(갑진)

'나무가 땅에 단단히 뿌리를 내린 형상'으로 은근히 自己主張(자기주장)을 강하게 밀고 나가며 지지 않으려는 속성이 대단합니다. '靑龍(청룡)'은 성질이 급하고 變德(변덕)이 심하며 造化(조화)를 피우므로 이 사람과 맞서면 피해를 보기 십상입니다. 剛直(강직)한 기상으로 독립심이 강하며 蓄財(축재)하는 재주가 비상하나 급격한 변화를 겪으며 速成(속성)速敗(속패)하는 일이 많습니다. 白虎(백호)로 妻宮(처궁)에 禍厄(화액)이 닥칠 우려가 깊으며 금전적인 문제로 妻(처)를 고생시키는 경우가 있습니다. 坤命(곤명)은 혹 남편이 早死(조사)하여 寡婦(과부)가 되기도 하는데 배우자가 무력하면 扶養(부양)하는 功(공)이 나타납니다.

乙巳

'새를 입에 문 뱀'은 口辯이 青山流水와 같습니다. 乙木이 뱀, 巳를 타고 앉았으니 마치 가지 많은 나무에 바람이 잘 날 없듯 평생 분주하고 안정되지 않아 主居가 불안합니다. 대략 言行이 가볍고 변화가 많아 한 우물을 파지 못하는 단점이 있고, 身病殺로 인해 몸이 아플 때가 많습니다. 한편 甲辰, 乙巳, 庚戌, 辛亥는 金輿라 하여 몸가짐에 절도가 있고 容貌가 준수하니 귀한 대접을 받는다고 했습니다. 만약 八字의 太歲가 辛亥나 辛未에 해당하면 '땅꾼에게 잡힌 뱀'의 모습으로 眞大敗가 되어 橫厄을 당할 염려가 깊습니다.

丙午

'正午의 太陽'이니 가장 높은 자리에 있는 모양인데 이것은 自我가 강하고 獨尊的인 성향을 나타냅니다. 이 사람은 '炎上之象'으로 대략 호탕하고 쾌활한데 '한참 내달리는 말'과 같아 앞으로 나아갈 줄만 알고 물러서지 않는 태도를 나타내기도 합니다. 午火는 陰陽이 교차하는 門이라 대개 상대의 마음을 깊이 헤아리는 품성을 갖추는데, 만약 八字에 火勢가 지나치게 강하여 調候를 잃으면 暴君의 기질이 드러납니다. 坤命은 차라리 獨身이 제격이라 했을 정도니 夫德은 기대에 미치기 어렵고 女丈夫 몫을 단단히 할 때가 많습니다.

丁未(정미)

'전봇대 위로 솟은 달'이니 앞길을 밝히는 형상으로 유쾌하고 활발하며 犧生心(희생심)이 있어 곧잘 베푸는 성품을 지닙니다. 丁未(정미)는 子意(자의)로 볼 때 '짚어서, 그러모으는' 모습으로 所有慾(소유욕)과 獨立心(독립심)이 강함을 뜻합니다. 그래서인지 이 사람은 돈을 자신이 직접 관리하며 여간해서 제몫을 빼앗기는 법이 없습니다. 未中(미중)에는 辛金(신금)의 懸針(현침)이 暗藏(암장)되어 技藝(기예) 방면에 소질이 있는 사람입니다. 또 화가 나면 暴惡(포악)한 기질을 드러내는 속성을 뜻하기도 합니다. 戊午(무오)와 丁未(정미)는 精力(정력)이 絶倫(절륜)하여 妻妾(처첩)을 두기 쉽고 女命(여명)은 알뜰하나 枯渴之象(고갈지상)으로 奇薄(기박)할 때가 많습니다.

戊申

'鑛山'이자 天廚로 이 사람은 대략 福祿이 두텁고 幸運이 따르는 편입니다. 經에 이르길 丙申, 丁未, 戊申, 己未, 壬寅, 癸丑은 暗祿이라 해서 재물에 窮함이 없고 숨은 恩德이 있다고 했습니다. 乾命은 賢妻를 맞이하여 妻德이 두텁고 애정이 좋으며 부모의 遺業을 이어받는 것도 순탄합니다. 여성도 또한 食祿이 여의하며 활동하게 되면 致富하는 경우가 많습니다. 그러나 '秋山과 西山'에는 쓸쓸한 기운이 감도니 남편의 外遊나 外道 등의 연유로 獨守空房하는 일이 잦습니다. 腰痛이나 膽石, 尿石 등의 結石으로 편치 않을 수가 있습니다.

己酉(기유)

'가을걷이철의 들판'으로 먹을 것이 많을 때입니다. 이곳을 뛰어 다니는 닭은 分奏(분주)하고 食祿(식록)이 두터운 것입니다. '철근으로 지은 튼튼한 건물'의 物象(물상)으로 이 사람은 기억력이 뛰어나고, 비상한 두뇌를 지녀 學業(학업)이 優秀(우수)한 사람이 많습니다. 己土(기토)의 母性(모성)을 지녀 성품은 厚德(후덕)한 가운데 내면에는 酉金(유금)이 작용하여 冷徹(냉철)한 면이 있습니다. 남자는 보통 美色(미색)과 인연을 맺으며 色貪(색탐)하는 기운이 있습니다. 여성은 內助(내조)를 잘 하는 유형이나 夫德(부덕)이 두텁지 않아 한동안 沈鬱(침울)해질 때가 있고 자식에게만 애정을 쏟는 경우가 많습니다.

庚戌(경술)

'모습을 드러낸 金鑛(금광)'으로 魁罡(괴강)을 더하니 獨尊(독존)이자, 强猛(강맹)한 심성으로 한번 결정하면 적극적으로 임해 기어이 成果(성과)를 내는 底力(저력)이 있습니다. 戌(술), 天門(천문) 속에 辛金(신금)과 丁火(정화)가 배합되어 있으니 宗教星(종교성)인 동시에 工業星(공업성)으로 기술 계통이나 活人(활인) 분야에서 활동하기 쉽습니다. 한편 '바위에 치인 개'의 형상이 나타나면 口舌(구설)과 訟事(송사), 刑厄(형액)의 禍(화)를 당할 수 있으므로 조심해야 합니다. 남자는 자식, 여자는 남편의 신상에 禍厄(화액)이 닥쳐 寡婦(과부)가 되기도 합니다. 坤命(곤명)은 가히 女傑(여걸)로 남자들의 심리와 활용 면에서 일가견을 가집니다.

辛亥(신해)

'陶洗珠玉(도세주옥)'에 金輿(금여)를 더하니 이 사람은 피부가 희고 고우며 전체적으로 容貌(용모)가 아름답고, 지혜가 있습니다. 文藝(문예) 방면에 조예가 깊은 사람들이 많습니다. 대체로 能辯(능변)에 사리분별이 정확하고 매사 적응이 빠르며 多情(다정)하다가도 간혹 냉정한 태도로 돌변할 때가 있습니다. 승부욕을 드러내며 亥中(해중) 甲(갑)의 懸針(현침)이 더해 반론을 제기하는 상대는 敵(적)으로 규정해 제압하려는 속성이 강렬합니다. 다만 亥水(해수)에는 金氣(금기)가 없어 辛金(신금)이 물에 잠기므로 有始無終(유시무종), 自謀自敗(자모자패)하는 경우가 더러 있습니다. 夫婦宮(부부궁)은 冷冷(냉랭)한 기운이 감돌 때가 많습니다.

壬子(임자)

丙午(병오), 戊午(무오), 壬子(임자)는 日刃(일인)으로 旺氣(왕기)를 띠니 眼下無人(안하무인)한 처세로 驕敵(교적)을 만들기 쉬우며 영웅적인 기질과 수완으로 速成速敗(속성속패)하는 가운데 生殺大權(생살대권)을 쥐기도 합니다. 丙午(병오)와 달리 壬子(임자)는 비사교적인 반면 '바다가 만물을 감싸는 형상'과 같이 度量(도량)이 넓습니다. '天地(천지)가 물'이니 의혹이 많고 사람을 잘 믿지 않습니다. 成業(성업)하면 門前成市(문전성시)요, 敗亡(패망)하면 四面楚歌(사면초가)의 비애를 맛보게 되는 것입니다. 이 사람은 대략 外富內貧(외부내빈)에 一得三失(일득삼실)하기 쉽습니다. 紅艷(홍염)으로 이성에게 인기가 좋으며 坤命(곤명) 또한 女丈夫(여장부)로 봉사하는 삶의 유형이 많습니다.

癸丑(계축)

'마르지 않는 泥土(니토)'는 陰氣(음기)를 품어 一道精進(일도정진)하는 끈기와 집념을 보이는데 孤獨(고독)하고 일종의 傲氣(오기)를 품고 있습니다. 경쟁 국면에서 장애가 되는 요인을 제거해버리는 잔인한 일면이 있다는 뜻입니다. 당장은 캄캄한 곳의 진창 속에 서 있는 형국이나 끝내 굴레를 벗어나는 豪傑(호걸)의 기상이 있습니다. 白虎(백호)로 妻宮(처궁)은 不美(불미)한 편으로 아내가 悲觀(비관)하는 일이 생기며, 여성은 남편과 死別(사별)하는 아픔을 겪기도 하니 再婚(재혼)이나 小室(소실)이 되는 경우도 적지 않습니다. 반면 暗祿(암록)의 작용으로 어려울 때 주변의 援助(원조)가 따르고, 종내는 陰德(음덕)을 쌓아 편안해집니다.

甲寅(갑인)

'大樑(대량)', 대들보는 그릇이 큰 사람입니다. 사상이 健全(건전)하고 自立心(자립심)이 있으며 사사로이 행하지 않습니다. 甲寅(갑인), 丙辰(병진), 庚辰(경진), 戊辰(무진), 壬戌(임술)은 日德(일덕)이라 하여 성품이 착하고 慈悲(자비)하며 福祿(복록)이 있다고 했습니다. 이 사람은 主觀(주관)이 확고하고 고집이 있으며 '春木(춘목)'은 가을에 이르러야 열매를 맺으니 施行錯誤(시행착오)를 거쳐 목적지에 도착합니다. 干與支同(간여지동)에 甲(갑), 懸針(현침)이 둘이니 성적 욕구가 강한 가운데 夫婦(부부)는 서로의 자존심만 내세우는 격이니 더러 失敗數(실패수)가 있고, 여성도 早婚(조혼)은 실패할 가능성이 높은데 家主(가주)로서 역할을 하는 경우가 많습니다.

乙卯

'萌芽'의 象意는 부드러움과 根氣를 동시에 포괄하는 것으로 外柔內剛의 전형이라 할 만합니다. '草木'은 언뜻 연약해 보이나 颱風에도 넘어가는 일이 없습니다. 은근한 끈기와 상당한 固執이 있습니다. 이런 사람은 대개 밖에서는 多情하나 집안에서는 無情할 때가 많습니다. 妻德은 있으나 妻宮이 약해 偕老하기 어렵고, 字意로 보면 色情이 있어 淫慾이 動할 때가 있습니다. 여성은 대개 인물과 몸매가 좋으며 人情이 많으면서도 독한 기질이 있습니다. 너무 똑똑해서 탈이라는 말을 듣기도 하며 '들토끼'와 같아 活動的입니다.

丙辰(병진)

'구름 뒤로 太陽(태양)'이 나타나니 마음속에 無窮(무궁)한 지혜와 謨事(모사)가 있습니다. 단점을 드러내지 않으며 교묘하게 잘 處世(처세)하고 先見之明(선견지명)이 있어 患難(환난) 중에도 잘 피해가며 다치지 않습니다. 日德(일덕)으로 보통 福祿(복록)이 두터운 편입니다. 甲寅(갑인), 甲辰(갑진), 丙寅(병인), 丙辰(병진)은 平頭(평두)라 해서 다툼이 잦아 이를테면 婚談(혼담)이 파기되는 수도 있는데 이 사람이 권력 계통에 종사하지 않으면 官災(관재)를 당하기도 합니다. 坤命(곤명)에서 남편이 권력기관이나 醫藥(의약), 活人業(활인업)에 종사하지 않으면 囚獄(수옥)이나 死別(사별) 등의 刑厄(형액)을 겪는 암시가 있습니다.

丁巳

丁巳, 己巳, 癸亥는 陰刃으로 不和損財하고 內心苦痛이 따른다 했으니 이 사람은 성격이 불과 같아 固執이 대단하고, 급하기가 번개 같으니 화를 잘 내나 뒤끝은 없습니다. '滿月', 보름달의 모습이니 솔직담백하고 明郞, 華奢한데 남의 비밀을 지켜주지 못하는 것이 흠입니다. 남의 밑에서 종사하기를 꺼려하는 바는 우두머리 격이기 때문입니다. 여성도 財에 대한 욕구가 강하고 대체로 財福을 누리며 사회활동을 하는 경우가 많습니다. 干與支同으로 부부간에 성격 차이와 의견 대립이 심해 不和를 야기하기 쉬우므로 대개 晩婚이 좋습니다.

戊午(무오)

‘火山(화산)의 형상’에 日刃(일인)이니 唯我獨尊(유아독존)의 慢心(만심)을 품을 때가 있고 대개 頑固(완고)하며 융통성은 없는 편입니다. 佛事(불사)에 깊은 관심을 두는 경우가 많고 六親(육친)이 稀少(희소)하여 孤獨(고독)하며 그래서인지 信仰(신앙)과 연관되는 사례가 많습니다. 매사에 꼼꼼하고 글씨나 그림에 소질이 있으며 외견은 君子(군자)지만 앉은 자리가 火(화)로 뜨거워 불안정한 기운이 서립니다. 活火(활화)하면 溶(용)이 나타나니 性慾(성욕)이 강하여 獨身(독신)이 힘들고 대개 美男美女(미남미녀)와 緣(연)을 맺는 경우가 많습니다. 書(서)에 이르길 丙子(병자)와 戊午(무오)는 陰陽(음양)이라 해서 여러 상대와 淫事(음사)를 즐긴다고 했습니다.

己未

'田畓이 메마른 형상'으로 이 사람은 한번 감정이 격해지면 앞뒤를 재지 않고 鬱憤을 터트려 후에 煩悶하는 경우가 많습니다. 未, 懸針은 活人의 氣를 띠어 宗教를 가까이 하며 평생 일복이 많아 분주하고 자신의 일보다 남의 일에 더 많은 신경을 쓰기도 합니다. 暗祿으로 재물의 窮함은 찾아보기 힘듭니다. 밖에서는 無骨好人이나 집에서는 무뚝뚝하고 간혹 凶暴한 기운을 드러내며 外入을 잘합니다. 妻宮에 厄이 있어 離別數가 나타나며 여성도 夫德을 기대하기 어렵고 바깥에서 활동하며 信仰 생활에 충실한 것이 좋습니다.

庚申

'銀星'은 無力을 뜻하여 英雄 아니면 乾達을 의미합니다. 자존심에 상처를 입는 것을 용납하지 않고, 臨事卽決하며 한번 방향이 정해지면 틀려도 밀고 나갑니다. 庚申의 특징은 積極, 能手能爛, 臨機應變, 完壁主義 등으로 요약됩니다. 義俠心이 강해 약자의 편을 들어 손해를 보기도 하고 혁신적인 기질을 함유합니다. 夫婦宮은 대개 不美하여 妻를 고생시키거나 離別하는 아픔이 있고 坤命이라도 權勢를 누려야 제격이므로 사회적으로 큰 인물들이 많습니다. 이 사람은 損財와 傷身數를 평생 조심해야 합니다.

辛酉

보석을 간직한 주머니, '沙金袋'의 모습으로 石榴를 닮았으니 가시로 변하는 짧은 가지와 같아 신경에 매우 날카롭고, 煩悶과 想念에 잠긴 사람들이 많습니다. 內性이 차갑고 고지식하며 소란스러운 것을 기피하고 평온한 환경을 찾습니다. 乙卯와 辛酉의 固執은 꺾기가 어렵습니다. 妻德은 있으나 妻宮이 약해 偕老하기 어렵고, 字意로 보면 色情이 있어 淫慾이 動할 때가 있습니다. 여성은 美貌임에도 남편의 사랑을 받지 못해 限이 맺히며 雙辛으로 타인을 위해 積德해야 身厄을 면합니다.

壬戌

'石油'나 '地下水'의 物象에 日德을 더하니 衆生을 啓導하는

성분으로 人情이 두텁습니다. 戌土 天門은 고통을 입을수록 靈感으로 다가서는 특징이 있는데 이 사람은 직감이나 예감이 빠르고 상대의 마음을 잘 파악하며 꿈이 잘 맞습니다. 丁丑, 丁未, 壬辰, 壬戌은 退神으로 價値觀이 일반과 약간 다르며 자신을 뽐내는 기질을 함유합니다. 白虎에 丁火와 辛金이 있으면 '칼춤을 추는 무당'과 같아 분별없이 막나가는 面貌을 보일 때가 있는데 丁丑과 壬戌이 그러합니다. 坤命의 배우자는 권력계통에 종사하지 않는 한 無能해집니다.

癸亥

'바다에 물이 가득하여 마르지 않는 형상'으로 앞날을 예지하는 慧眼이 있으며 天門으로 머리가 좋기로는 辛亥와 癸亥가 앞을 다툽니다. 內剛의 陰刃이나 修養이 되어 이 사람은 어디를 가나 歡待를 받습니다. '茫茫大海'로 무한한 잠재력이 있으며 세계적인 인물로 부상하는 경우가 있습니다. 겉으로는 萬事太平인 듯해도 속으로는 천재적인 두뇌가 작동하는 것입니다. 乾命은 公을 중시하여 가정에 소홀한 면이 있으나, 夫唱婦隨하므로 별다른 문제가 없지만 여성의 경우에는 夫德이 덜하고 外情의 우려가 있습니다.

著者, 李修[이지승]

1965년, 釜山 生
韓國을 대표하는 世界的 命理學者
predictor@korea.com

[命理著述]

適天髓써머리	동학사 2001
適天髓摘要	대만무릉출판사 2003
八字術必殺技	장서원 2004
八字術파이널블로	장서원 2005
子平眞詮리뷰 Ⅰ,Ⅱ	장서원 2005
欄江網마스터리 Ⅰ,Ⅱ, Ⅲ	장서원 2006
適天髓스펙트럼 Ⅰ,Ⅱ	장서원 2006
適天髓摘要해설	장서원 2006

간지팔자
干支八字 - The Sexagenary Cycle -

첫판 1쇄 2007년 11월 30일

첫판 7쇄 2022년 10월 18일

지은이 이 수(李修)

펴낸이 장석홍

펴낸곳 도서출판 장서원

04352 서울 용산구 한강대로 88길 21-5

전화 703-5362 팩스 713-7436

등록 제 03-01213호

shjang1011@ hanmail.net

정가 10,000원